Sagesse de l'Homme Bleu

Amenokal Alhavi

Sagesse de l'Homme Bleu

PLON

ISBN : 2-259-19311-0

Cette année j'ai fait un voyage
et seul Dieu m'a sauvé de la soif...

La première nuit

— Qu'es-tu venu chercher ici ? demanda l'homme.

Il était assis sur un tapis posé sur le sable, devant la tente.

Les jambes repliées, les avant-bras appuyés sur les cuisses, il regardait les braises qui rougeoyaient entre les pierres plates du foyer. De temps à autre, il effleurait du bout de ses doigts longs et bruns la théière placée sur le feu.

— Quelles paroles es-tu venu entendre ? reprit l'homme.

Son corps était tout entier enveloppé dans des étoffes drapées, des tuniques amples, blanches et d'un bleu vif. Mais le visage était dissimulé par un tissu d'un bleu sombre, presque noir. On ne voyait, par une étroite fente, que les yeux.

Quand la nuit tomba, tout à coup il devint, dans la lueur vacillante des braises et des flammèches, l'Homme Bleu.

Il ouvrit ses mains, les présentant à son hôte.

— Que puis-je te donner que tu ne croies posséder ? interrogea-t-il. Tu as fait prisonniers les mots et les images. Ils sont tes serviteurs. Tu vas partout où tu le veux. Tu as tracé des pistes sur toutes les terres, mais aussi dans le ciel et sur les océans. Tu les parcours si vite que les montagnes, les nuages, les étoiles et les vagues s'effacent. Il te suffit d'un geste, où que tu sois, pour que l'eau fraîche jaillisse et que le vent sèche ta sueur. Plus rien ne te lie. Tu as ouvert tous les bracelets. Tu aimes qui tu veux, comme tu le veux, autant que tu le veux. Tu as le pouvoir d'acheter ou de détruire ceux qui te jalousent ou te menacent. Et ta force de jet est si grande, ton bouclier si large, que tu les tues sans même les voir et sans que jamais ils puissent t'atteindre.

Il commença à verser le thé, avec tant de dextérité, la théière loin au-dessus des verres, que la boisson brûlante faisait un bruit de source.

Il déroula le voile qui masquait son visage, but à petites gorgées puis, cachant à nouveau ses traits, l'Homme Bleu dit :

— Je vais te raconter l'histoire de Romi, la chèvre que Dieu avait donnée à Aligorran le Géant.

La première nuit commençait.

— C'était au temps des Hommes d'Hier, dit-il en se penchant en avant.

« Aligorran le Géant pouvait en quelques enjambées aller du Tibesti jusqu'à l'Aïr, d'Agadez à Tamanrasset.

« Les tribus étaient vivantes comme l'eau du thé qui bout et chante. Les prairies s'étendaient à perte de vue, et tous les chameaux avaient la noblesse et la résistance du plus fort et du plus rapide d'entre eux, Akhastatam.

« A la saison des pluies succédait la saison des pluies, et pour remercier le Créateur, les grenouilles lançaient leurs cris et l'herbe de la prairie perçait sur la dune.

Il resta un long moment silencieux, comme pour regarder le paysage qu'il venait de décrire.

— En ce temps-là, Aligorran le Géant possédait une chèvre dont Dieu lui avait fait présent. Elle se nommait Romi. Elle allait libre et joyeuse dans les vallées de l'Aïr dont les pentes et les fonds étaient des pâturages.

« Elle nourrissait tous les habitants de l'Aïr. Le lait de la chèvre coulait dans les oueds chaque fois qu'on la trayait et il suffisait aux Hommes d'Hier de se baisser pour remplir de lait leur récipient. Heureux et paisibles étaient dans l'Aïr les Hommes d'Hier. Ils avaient accroché leurs boucliers aux piquets, délié les selles, et planté leurs lances et leurs glaives dans le sable. Ils n'avaient ni soif, ni faim. Ils ne se nourrissaient que de lait.

— Aligorran le Géant avait confié la garde de Romi, la chèvre dont le lait ne se tarissait jamais, à un vieil homme qui se tenait assis sur le plus haut sommet de l'Aïr, dit-il.

« Le temps lui paraissait long. Il regardait avec envie les hommes qui, dans la vallée, disputaient des courses de chameaux ou bien écoutaient les femmes chanter. Il trouvait injuste qu'on le laissât seul, et il songeait avec nostalgie à sa jeunesse, quand lui aussi pouvait offrir aux femmes, belles comme de jeunes pousses lavées par un ruisseau, les bijoux que les forgerons de la tribu martelaient et ciselaient.

« Un jour, l'un de ces artisans vint prendre place en face du vieil homme, et il posa devant lui un bijou en argent dont la forme évoquait le corps d'une femme, à la taille étroite, séparant une forte poitrine et des hanches larges.

« L'artisan poussa le bijou vers le vieil homme.

« " Il est à toi, dit-il. Avec lui, tu ne seras plus jamais seul. C'est un talisman. Si tu le regardes, si tu le caresses, si tu désires vraiment ce qu'il représente, et que le temps ne pourra jamais ni alourdir ni enlaidir, alors tu auras une compagne que tu aimeras comme la chèvre Romi aime le feuillage. "

— L'artisan redescendit dans la vallée, et le vieil homme commença à contempler le talisman sans oser d'abord le toucher. Puis il en effleura les formes, et la tentation fut si forte qu'il le porta à sa bouche, le pressant contre ses lèvres. Il eut la sensation qu'une jeune femme l'entourait de ses bras, et il enfonça son visage entre ses seins qui lui parurent chauds, doux, comme du lait à peine trait.

« Comment aurait-il pu continuer de veiller sur Romi, la chèvre aux pis toujours gonflés ?

L'Homme Bleu leva la tête. Le ciel était à la fois d'un noir profond et d'une luminosité vive. Il murmura :

— Les sages qui ont les mots justes plein la bouche disent : Si tu vois dans le ciel un vol de vautours, tu peux être sûr qu'au-dessous il y a une charogne.

« Quand Aligorran le Géant vit les rapaces au-dessus des vallées de l'Aïr, il comprit aussitôt qu'un malheur était arrivé. Il enjamba les cimes et les oueds, les oasis et les dunes. Il arriva près du vieil homme qui paraissait dormir. Il le secoua, mais en vain. L'homme était mort et tenait dans son poing fermé un bijou.

« Aligorran, tournant la tête, aperçut le corps de

Romi, égorgé. La chèvre ne donnerait plus jamais de lait.

L'Homme Bleu baissa la tête. Toute son attitude exprimait la tristesse. Son corps vivait le récit qu'il semblait avoir de la peine à poursuivre.

— Aligorran descendit dans les vallées de l'Aïr, dit-il. C'était fête. Les hommes et les femmes se gavaient de viande. Les oueds en étaient pleins, les pentes des vallées étaient tapissées de viande.

« Aligorran interrogea l'artisan qui lui avoua que les tribus de l'Aïr, lassées de se nourrir de lait, l'avaient chargé de distraire le vieil homme afin de pouvoir tuer la chèvre et se nourrir de sa chair.

« Et Dieu, ajouta l'artisan, l'avait compris puisque, maintenant, à la place du lait, c'était la viande qui était en abondance.

« La chair sortait du sol, elle jaillissait du cours des oueds comme l'herbe entre les gouttes.

« L'Aïr était toujours un paradis généreux et ses habitants pouvaient continuer de vivre sans avoir à chasser, à garder des troupeaux ou à cultiver.

« Aligorran le Géant était pourtant inquiet. Il allait d'une vallée à l'autre. Il y avait eu trahison et sacrifice, pour satisfaire un désir que rien ne justifiait. Le lait est aussi nourrissant que la viande, et la chèvre comme le vieux seraient restés en vie si les hommes s'étaient contentés de cette nourriture, blanche comme le cou d'une génisse. On avait trompé et trahi le vieux, et tué la chèvre pour se nourrir de sa chair.

« Quel allait être le prix de cette avidité cruelle ?

— Aligorran le Géant n'avait vu autour de lui que des hommes et des femmes satisfaits d'avoir échappé à la monotonie.

« Il leur conseilla la prudence et la modestie, la sagesse de ne pas désirer autre chose.

« Ils avaient déjà lancé un défi au Créateur. Celui-ci dans sa bonté avait accepté que la viande remplaçât le lait, et il semblait ne pas en vouloir aux hommes d'avoir égorgé Romi.

« Mais serait-il toujours aussi bienveillant si l'on oubliait qu'on devait le craindre ? Si on se laissait guider seulement par le désir de changement ?

« Aligorran dit aux Hommes d'Hier : prenez garde que sur vous ne s'abattent les disgrâces, qu'elles ne brûlent et dévorent toutes les vallées de l'Aïr, et que les sauterelles ne recouvrent les herbes et les plantes.

« Mais personne ne l'écouta.

L'Homme Bleu secoua la tête, puis il s'appuya des deux mains sur le sol, comme pour s'assurer de ne pas basculer.

— Un matin, reprit-il, le ciel s'assombrit et une sorte de grondement, comme si des milliers de tambours battaient ensemble, roula dans les vallées de l'Aïr.

« Aucune pluie pourtant ne tomba. Mais les gens allaient et venaient, telles des fourmis affolées.

« Ils voyaient autour d'eux la viande se transformer en cailloux. Des blocs encombraient les oueds. Les pâturages n'étaient plus que des étendues pierreuses. Des vagues de dunes obstruaient les vallées, hier encore fertiles.

« Des hommes entouraient une femme qu'ils accusaient de maléfice. Elle avait craché trois fois sur la viande, et aussitôt le sol s'était mis à trembler, le ciel à noircir, cependant que battaient les tambours.

« Alors, dans le désert, les Hommes d'Hier commencèrent à avoir faim, et Aligorran le Géant s'éloigna de l'Aïr, en répétant : “ Ils ont mangé Romi, la chèvre donnée par Dieu. Ils ont rejeté ce qu'ils possédaient, ils ont tué et trahi pour obtenir ce qu'ils désiraient. Ils ont oublié le respect. Ils ont agi comme si les oueds, les vallées et même Dieu étaient leurs serviteurs.

« “ Ils ont oublié la grâce qui leur était faite. La

fierté est devenue vanité, l'ivresse a voilé leurs yeux, et quand ils ont recouvré la raison, le désert était devant eux.

« " Ils ont dû apprendre que chaque pas est effort, qu'une goutte de thé est un don, et qu'il faut en savoir gré à celui qui crée toutes choses. "

L'Homme Bleu cessa de parler, il emplit à nouveau son verre, le leva comme pour remercier, faire une offrande, puis il but lentement.

Il se tourna pour scruter la nuit.

Les falaises du Tassili, ajourées, dessinaient une sorte de dentelle où alternaient des zones dont le noir était plus dense. Par les trouées apparaissaient les clartés glacées du ciel nocturne.

— Si tu crois que le désert est vide, dit l'Homme Bleu, c'est que tu ne sais pas voir. Et si tu imagines que seuls les Hommes d'Hier ont égorgé une chèvre généreuse, c'est que tu ne connais pas ta vie.

L'Homme Bleu se leva et s'éloigna dans la nuit, et tout à coup le désert recouvrit le campement. Le feu s'éteignit et, sous le ciel d'une luminosité blanche et froide, les tentes ressemblèrent à de gros blocs rocheux enveloppés de silence.

Ce fut comme si l'on se trouvait enfoui au fond

d'un puits avec, en haut, très loin dans l'orifice, des myriades de points brillants. Et certains d'entre eux, brusquement, tombaient comme d'infimes brandons, filant vers la terre, mais se consumant avant de l'atteindre.

Après un long moment, le temps d'avoir froid et de sentir la solitude se glisser sous la peau et geler le sang, l'Homme Bleu réapparut.

Il s'assit à nouveau devant le foyer, posa les mains sur les pierres plates puis, avec la lame de son poignard, il remua les cendres jusqu'à ce qu'apparaissent de minuscules points rouges, comme si des miettes d'étoiles avaient été recueillies dans ce creux du sable.

L'Homme Bleu commença à souffler, et peu à peu l'or des étincelles remplaça le rouge des fragments de braise.

— Il ne faut jamais laisser éteindre le feu, dit l'Homme Bleu.

Il croisa les bras.

— Lorsque Aligorran le Géant quitta l'Aïr, les Hommes d'Hier...

L'Homme Bleu s'interrompit, se pencha au-dessus des flammes qui crépitaient et commença à briser sur le foyer des petites boules dures et noires.

— Ce que le chameau rejette, dit-il, ce que l'homme qui n'a pas de raison néglige, dont il se détourne avec dégoût — qu'est-ce que les crottes d'un animal pour des esprits qui se croient nobles ? —, produit la flamme qui chauffe le thé et fait cuire les galettes de blé et de mil.

« Pour celui qui sait que la nature est comme le corps d'un homme, où chaque grain est à sa place, rien ne doit être rejeté. Le lait de la génisse devient beurre, et le beurre fait briller les cheveux des femmes.

L'Homme Bleu étendit ses mains, dont la peau brune était fripée, au-dessus des flammes.

— Je réchauffe mon corps avec ce que le corps du chameau a abandonné sur le sable et que les femmes ont ramassé. Elles savent que le bois de l'arbre est rare, et qu'il faut aller le chercher loin, à des jours de marche parfois. Celui qui sait regarder autour de soi, celui qui sait rêver au changement de visage des choses, celui-là peut économiser sa force, éviter la fatigue, et rester immobile.

« Il ne court pas à la recherche de ce qu'il peut trouver à portée de sa main. Il ne gesticule pas en se lamentant. Il conserve son énergie pour découvrir en chaque chose la flamme qu'elle contient et qui se cache sous une croûte dure et terne. Il ne brise pas les branches d'un arbre, qui est comme une fleur dans le désert. Il s'assoit à son ombre aux heures les plus brûlantes, et le chameau pendant ce temps se nourrit du même arbre, en broutant le bout de ses branches.

L'Homme Bleu croisa les bras et murmura :

— Crois-tu que cela ne soit vrai que pour les hommes du désert ? Toi et les tiens, vous êtes les hommes de la profusion. Quand vous passez sur une piste, vous jetez derrière vous, sans vous soucier de leur destin, les débris de votre façon de vivre. Vous laissez partout des charognes de verre et de métal, et de ces matières que vous avez créées et qui étouffent les jeunes pousses et les animaux, souvent nos forgerons font des bijoux, des gobelets et des poignards. Toi et les tiens, vous abandonnez le corps des choses, sans vous soucier de leur âme.

L'Homme Bleu baissa la tête, puis d'une voix plus forte ajouta :

— Et ceux qui agissent ainsi se comportent de même avec le corps de leurs frères, mais comment ces hommes-là, qui vont en ne regardant que devant eux ce qu'ils croient être le bout de la piste, peuvent-ils savoir ce qu'ils sont ? Celui qui ne connaît pas l'âme des Hommes d'Hier est moins qu'une pierre. Il n'est qu'un puits sans eau, pire même. Au fond de lui, il y a la boue fétide qui empoisonne les troupeaux et les bergers.

Les yeux de l'Homme Bleu brillaient au milieu de la fente, entre les plis du tissu.

— Si demain... commença-t-il.

Mais il s'interrompit aussitôt et leva le visage vers le ciel. Un mince voile obscurcissait une partie de la lune, léger comme l'écume d'une vague qui vient mourir sur le sable.

— Mais qui peut être sûr qu'il y aura une aube ? A chaque instant, tout risque d'être effacé. Regarde la lune, il suffit d'un nuage pour qu'elle soit mutilée, ou qu'elle disparaisse. La voilà qui revient, mais celui qui imagine que les choses demeurent ce qu'elles sont, celui-là est fou. Aligorran le Géant l'a compris quand il a vu le vieil homme mort et Romi égorgée, puis la terre transformée en viande et la chair en caillou. Chaque chose, chaque être qui vit est comme la dune. Le vent la pousse, sa crête sinue comme un serpent, à chaque instant son dessin change, comme le destin d'un homme. Les falaises elles-mêmes, les cimes des montagnes de l'Aïr, celles du Hoggar ou de l'Adrar bougent elles aussi, pour qui sait les observer. Le sommet altier devient marée de cailloux, et des cailloux naissent les grains de sable. Et si le Créateur le veut, le désert se couvrira de lacs, et la pluie fera surgir des torrents qui engendreront des fleuves. Demain, je te ferai voir les grands animaux, les maîtres de l'eau que les Hommes d'Hier ont gravés dans la pierre, quand le désert était comme est aujourd'hui le pays des hommes à la peau noire.

L'Homme Bleu émietta à nouveau sur le foyer les petites boules brunes, et les flammes jaillirent.

— Demain, je te montrerai, reprit-il, si demain vient, comment les Hommes d'Hier veillaient sur le corps et l'âme de leurs frères morts. Le tombeau d'un de ces Hommes d'Hier est comme une serrure. Deux cercles de pierre entourent deux monticules de cailloux. Ce tombeau a traversé le temps. Personne n'a ouvert cette serrure qui protège le corps et l'âme.

L'Homme Bleu plaça ses mains sur ses épaules comme s'il serrait un autre lui-même.

— Je me suis avancé jusqu'à ce premier cercle. Et j'ai entendu les voix des Hommes d'Hier, de ceux qui avaient porté le mort jusqu'à sa tente de sable et de cailloux, et celle aussi de l'homme endormi. Puis j'ai vu, sur les parois de la roche, les signes tracés par ces hommes-là. Et j'ai compris ce qu'ils me disaient. Morts et vivants, nous étions tous de la même tribu. Ils sont présents sur la roche et dans mon cœur. Je suis un puits plein à ras bord de leur vie. Je suis un homme d'aujourd'hui parce que je suis un Homme d'Hier. Peux-tu comprendre cela, toi qui brûles les corps des morts pour en faire cette poussière grise que tu vas disperser et qui t'étouffe ? Pense à hier, pense à l'origine si tu veux vivre demain.

L'Homme Bleu ferma les yeux.

Il parut s'endormir, les bras croisés, la tête baissée, le menton appuyé sur sa poitrine. Il semblait ne plus être qu'un amoncellement d'étoffes dont les plis ne laissaient rien apparaître de son corps. On n'apercevait même plus la fente qui permettait de voir ses yeux.

Mais chaque fois que les cendres du foyer étouffaient les petites flammes rabougries, l'Homme Bleu, comme on nourrit un animal fidèle, alimentait le feu. Ses gestes étaient lents. Il étendait la main, laissant sa tête et son corps immobiles.

— Il faut plus et moins que les yeux pour voir, dit-il. Les hommes qui comme toi viennent ici s'imaginent qu'ils peuvent distinguer au loin les montagnes de l'Aïr, ou la tempête de sable. Ils regardent, le visage tendu, les yeux dans d'autres yeux de métal et de verre. Et ils ne distinguent rien. Si je les quitte, ils errent sur la piste. Ils confondent une dune avec une autre, un oued avec un ravin. Ils sont perdus comme des naufragés.

Pourquoi n'ont-ils pas appris à regarder ? Est-ce que vous ne voyez que des images fausses ou mortes ? Elles ne vous montrent pas le monde, elles sont comme un miroir de ce que vous êtes.

Il se redressa, tendit le bras vers les sommets qui commençaient à se découper sur un horizon plus clair, où apparaissaient des traces roses.

— Je disais, reprit l'Homme Bleu, que c'est ici, dans les montagnes de l'Aïr, que Aligorran le Géant abandonna les Hommes d'Hier. Il marcha seul des jours et des jours, et partout, dans chacune des vallées, ses pieds ne martelaient qu'un sol de cailloux ou de sable. Il semblait que toute vie s'était retirée, comme si le Créateur, dans sa volonté de châtier les Hommes d'Hier, les avait condamnés à disparaître en les privant de tout ce qui est nécessaire à l'homme.

« Aligorran s'arrêta.

« Il n'avait que mépris et colère pour ceux qui avaient trompé le vieil homme et égorgé Romi, la chèvre pleine, mais peu à peu la compassion et la tristesse pour le destin de tant de tribus l'envahirent.

« Il se prosterna, demanda au Créateur de se montrer clément.

« Il y eut d'abord le silence, puis brusquement le sol se mit à trembler, des jets de flamme sortirent des sommets, et de la roche rouge coula, comme une nappe gluante, sur les flancs de l'Aïr.

« Aligorran se remit en marche. Rien ne paraissait avoir changé.

« Il retrouva les lieux où avaient vécu les hommes et les femmes. Ils étaient vides. Il chercha longtemps, ne réussissant pas à croire que le Créateur avait pu se montrer à ce point impitoyable. L'espoir, comme la flamme de ce feu, continuait de brûler au cœur d'Aligorran.

L'Homme Bleu maintenant se tenait à nouveau les bras croisés, le regard immobile, semblant ne voir que la nuit. Puis, après un long silence, il recommença à préparer le thé, posant chaque fois la main, sans regarder, sur ce qu'il cherchait, la théière ou le sac empli de brins d'arageyga.

Il sentit à plusieurs reprises ce thé de Chine avant de le verser précautionneusement dans la théière qu'il remplit d'eau, pressant sur les flancs d'une outre de cuir qui ressemblait à une mamelle.

— L'aube est l'espoir de la nuit, dit l'Homme Bleu. Celui qui ne croit pas qu'il fera à nouveau chanter le thé du matin, celui-là ne peut plus avancer. Si tu ne fais pas respirer à l'homme le parfum du thé, il ne se lève pas.

Il souffla sur le foyer.

— Aligorran le Géant, poursuivit l'Homme Bleu, croyait que l'aube viendrait. Il continua donc de marcher et de chercher. Un jour, au plus chaud de la chaleur, il entendit des hurlements. Ce n'étaient pas des voix d'hommes ou de femmes, et cependant il lui sembla reconnaître quelque chose d'humain dans ces cris stridents.

« Il s'approcha.

« Il découvrit, entre de grandes falaises de pierre de couleur rose, sans doute celles qu'il avait vues couler rouge quand le sol avait tremblé, une grande étendue d'eau verte. Ce lac semblait profond. Sur les berges, des singes jouaient, sautaient, se poursuivaient, s'aspergeant d'eau. Au-delà du lac, s'étendait une palmeraie. Les arbres étaient lourds de régimes de dattes et à leur pied poussait un blé mûr.

L'Homme Bleu s'interrompit, écoutant la chanson du thé.

— Je te montrerai, reprit-il, l'oasis de Timia, telle que la découvrit Aligorran. Il fut si émerveillé qu'au lieu de se cacher pour observer les singes sans les effrayer, il courut vers le lac, tant l'eau avait l'air fraîche. Il s'y plongea. Ce fut comme une naissance.

« La terre n'était donc pas seulement faite de sable et de cailloux. Le désert n'était donc pas vide. Le Créateur y avait disposé ici et là des points d'eau, et dans la terre humide poussaient les palmiers dattiers et le blé. Là, les hommes pouvaient se nourrir et faire paître leurs bêtes.

« Mais les hommes avaient-ils survécu ?

« Aligorran s'allongea en lisière des blés, à l'ombre des palmiers. Comment aurait-il pu douter de la clémence du Créateur ? Si celui-ci avait fait naître l'oasis de Timia, il devait avoir préservé la vie d'un homme.

« Aligorran s'endormit. Quand il se réveilla, deux singes étaient accroupis près de lui. Aligorran les observa. Il pensa que s'il entourait leurs visages du voile de front et de bouche, ne laissant voir que leurs yeux, s'il enveloppait leurs corps de tissus blancs et bleus, ces singes ressembleraient à des hommes.

« Il eut une grande frayeur.

« Ainsi, songea-t-il, quelques étoffes suffiraient pour donner l'illusion qu'un animal est un homme ?

« Il fit un geste pour écarter de lui les deux singes mais ceux-ci ne bougèrent pas, le dévisageant, et il eut l'impression qu'ils l'imaginaient nu, comme eux, et qu'ils pensaient : Il suffit d'arracher les tissus qui enveloppent le corps de cet homme pour qu'il devienne l'un des nôtres, un animal comme nous.

« Les singes avancèrent leurs longues mains, tâtant les étoffes, essayant d'arracher le voile de front et de bouche d'Aligorran le Géant.

« Il se défendit, saisissant les animaux par les

pattes et les faisant tournoyer, haut, au-dessus des palmiers, puis, quand ils furent étourdis, les liant au tronc d'un arbre.

L'Homme Bleu servit le thé, avec les mêmes gestes précis qu'au début de la nuit. C'était comme si le temps ne s'était pas enfui, et que la boisson brûlante avait continué de couler de la théière sans jamais s'interrompre.

— Le temps est ainsi, fit l'Homme Bleu en regardant le thé remplir le verre. Il s'écoule et il est immobile. Il a deux visages. Tout change, je te l'ai dit, et cependant l'aube est l'aube, la nuit, la nuit. Tout bouge et tout se répète. La frontière entre le mouvement et l'immobilité est aussi changeante que la crête de la dune. Et cela vaut pour toutes les choses.

L'Homme Bleu posa sa tasse devant lui.

— Quand Aligorran eut attaché les deux singes au tronc du palmier, reprit-il, il se sentit honteux. Ces animaux liés lui semblaient tout à coup des hommes réduits en esclavage. Et il se demanda où était la frontière entre l'homme et l'animal, comme tu te demandes où est la berge qui sépare l'écoulement du temps de l'immobilité des choses. Et si tu es venu ici, au désert, pour écouter ma parole, c'est bien que tu ne sais plus si toi et les tiens vivez sur le versant riant du monde, celui qui reçoit les ondées généreuses, ou bien si, malgré tous les biens que vous avez entassés, creusant le sol de galeries, élevant des tours, volant d'une cime à l'autre à la vitesse de la flèche, vous êtes sur le versant aride et stérile, celui où les cailloux tranchants ont perdu leur âme.

« Tu t'interroges puisque tu es ici, accroupi comme moi, au milieu des dunes, pour savoir si ce n'est pas le désert qui est fertile.

« Tu m'écoutes, comme si j'avais toutes les réponses, alors que je ne fais que poser les questions.

« Mais peut-être, toi et les tiens, êtes-vous si soucieux de faire, de bâtir, de posséder, de conquérir, d'accumuler, de jouir, que pareils aux Hommes d'Hier qui égorgèrent Romi, vous ne voulez plus poser de questions, de crainte de ne plus pouvoir continuer à vivre comme vous vivez, oubliant une face des choses, ne sachant plus que le temps, s'il court, est aussi arrêt.

L'Homme Bleu se leva, fit quelques pas autour du foyer.

— Regarde l'aube, dit-il.

Au-dessus de l'Aïr, le rose et le violet en longues échancrures déchiraient le noir de la nuit.

— Ce n'est pas encore le jour, dit l'Homme Bleu. Il ne faut pas prendre une apparence ou une annonce pour ce qui doit être ou sera.

« Aligorran le Géant ne s'y est pas trompé.

« Jour après jour, il a appris aux deux singes les gestes des hommes. Il les a d'abord contraints à s'envelopper le corps de tissu, à entourer leur visage du voile de bouche et de front. Au début, ils se débattaient, puis peu à peu ils ont commencé à choisir eux-mêmes les étoffes, à les draper autour d'eux, et quand un matin Aligorran a refusé de les leur donner, ils ont poussé des cris, honteux de rester nus.

« Ils avaient appris la pudeur et la honte. Ils n'étaient plus des animaux. Ils n'avaient plus seulement l'apparence d'hommes, ils commençaient à en avoir l'âme.

« Mais Aligorran ne se contenta pas de ce premier succès. Sur les crêtes, acérées comme des lances, qui entouraient l'oasis de Timia et le réservoir d'eau verte et fraîche, les autres singes guettaient.

« Chaque jour, dès l'aube, ils se tenaient accroupis, bondissant souvent d'un rocher à l'autre, poussant leurs cris qui parfois étaient déchirants comme des plaintes. Et celles-ci devinrent plus stridentes quand ils comprirent que les deux singes de leur bande les avaient quittés et qu'Aligorran voulait faire d'eux des hommes.

« Alors ils hurlèrent aussi la nuit et leurs voix étaient menaçantes.

« Un matin, ils se mirent à lancer des pierres, puis ils s'avancèrent, sautant sur les régimes de dattes, s'emparant des fruits, arrachant par grosses touffes les épis de blé avant de disparaître dans la montagne avec leur butin.

L'Homme Bleu s'arrêta de marcher autour du foyer.

— Si on laisse l'animal faire, dit-il, il détruit l'oasis. Si dans l'homme l'animal revient, il saccage. Et Aligorran le Géant savait cela. Il coupa des branches, il construisit dans du bois dur, avec la peau d'une génisse blanche, l'*ettebel*, le tambour. Il plaça à l'intérieur des amulettes et de l'or en pépite. Puis il attendit que les singes s'approchent à nouveau de l'oasis de Timia. Alors il commença à frapper sur le tambour, et il montra aux deux singes qui ressemblaient à l'homme comment il fallait faire résonner la peau, en la heurtant avec force du bout des doigts tendus.

« Puis il laissa le tambour aux deux singes, et lorsqu'il les vit battre la peau avec toute l'énergie dont ils disposaient, lorsqu'il aperçut les singes restés animaux s'immobiliser, affolés par le roulement, puis s'enfuir dans la montagne poursuivis par ce tonnerre créé par la main, alors il sut que les deux singes étaient devenus hommes, qu'ils étaient séparés de l'animal.

L'Homme Bleu montra le rouge et le violet qui, dans le ciel, avaient maintenant effacé la nuit.

— La frontière est incertaine, dit-il. Elle passe, mouvante en chaque chose, en chacun de nous. Mais il faut une frontière. L'animal n'est pas l'homme. Et la nuit n'est pas le jour.

Il posa sur le foyer les deux pierres plates.

— C'est la fin de la première nuit, dit-il. Nous allons nous mettre en marche.

La deuxième nuit

— Qu'as-tu appris ? demanda l'Homme Bleu.

Les flancs de la tente, secoués par le vent, se gonflaient et se creusaient comme s'il s'était agi de voiles.

Le toit de la tente était si bas sur le sol que, lorsqu'il claquait, il heurtait la tête et les épaules de l'Homme Bleu, pourtant recroquevillé. Le sable venait frapper les parois comme des jets de mer lors d'une tempête.

Il attendit une accalmie pour répéter :

— Qu'as-tu appris durant la marche ?

L'Homme Bleu tendit la main au-dessus du trou qu'il avait creusé dans le sable, au centre de la tente. C'est là qu'il avait allumé le feu. Les flammes étaient à chaque instant, malgré la profondeur de la cavité, couchées par un tourbillon de vent.

Il ouvrit sa main, puis la referma à plusieurs reprises.

— Cette paume, ces doigts, dit-il, sont comme le désert. Il t'emprisonne et te libère, mais à sa guise. Tu es, quand tu as choisi de le parcourir, à sa merci. Avant de partir, tu prévois comme ce matin une longue étape. Tu remplis les outres d'eau au puits. Tu selles avec soin les chameaux. Tu vérifies les lanières de tes sandales, et puis l'imprévu survient. Ce matin, il nous a fallu retrouver l'un des chameaux, puis, après quelques heures, le ciel s'est obscurci, et nous n'avons eu que le temps de dresser les tentes avant que la nuit, celle qui ne doit rien à la tempête, tombe. As-tu compris la leçon de cette journée ?

L'Homme Bleu étendit cette fois ses deux mains au-dessus du foyer, les ferma et les ouvrit.

— Ici, dans le désert, tu comprends que l'homme ne peut prévoir que l'imprévu, et qu'il est comme un grain de blé minuscule dans la paume d'un géant.

Il resta silencieux, paraissant écouter ce sifflement aigu que faisaient les haubans autour desquels le vent s'enroulait, qu'il tendait.

— Je t'ai vu, ce matin, pendant que l'on cherchait le chameau égaré ou enfui, reprit l'Homme Bleu. Au lieu de t'asseoir, de ménager tes forces, tu as marché dans un sens puis dans l'autre, et tu regardais à chaque pas ton horloge, qui bat comme un cœur que tu aurais accroché à ton poignet. Toi et les tiens, vous ne savez pas accepter l'imprévu. Vous croyez être les maîtres et les possesseurs du temps. Alors que le jour est long. Tu t'irritais comme s'il ne durait que le temps d'un cri. Je t'ai observé. Tu parlais seul. Sans doute maudissais-tu le chamelier et le chameau, le destin qui te jouait ce tour alors que tu voulais faire une longue étape. Je pensais en te voyant que tu as beaucoup à apprendre, et qu'on ne t'a enseigné que ce qui est inutile.

L'Homme Bleu commença à parler au moment où la vigueur du vent faiblissait.

— Je vais te raconter l'histoire de l'homme bavard et impatient, dit-il. Alors que l'on chargeait les tapis et les tissus sur les chameaux, il était comme toi, plein de hâte. Et lui aussi parlait, lançant des conseils, disant qu'on n'atteindrait jamais le puits avant la nuit si l'on tardait encore. Au bout de peu de temps, sa bouche devint sèche comme la pierre du Tassili ou du Hoggar. Ses lèvres se fendirent en profondes crevasses sanguinolentes, et toute cette douleur, avant même qu'il ait fait le premier pas dans le désert ! Quand il commença à marcher, il suffit de quelques heures pour que les éclats brillants et tranchants tailladent ses pieds, usent ses talons. Qu'avait-il donc à vouloir ainsi partir alors qu'il ne savait pas comment on avance dans le sable ? Quand il arriva au bord du puits, il dut boire une eau nauséabonde et ne put que s'asseoir à l'ombre maigrelette d'une touffe d'épines. Et quand vint la nuit, c'est le vent glacé qui lui coupa les lèvres et la peau du visage. Etre impatient, pour l'homme qui est serré dans la main du désert, c'est aller au-devant de la souffrance. Ici, tu apprends qu'il faut savoir attendre, qu'il faut savoir se taire, pour que ta bouche ne se dessèche pas, et ainsi, tu peux écouter le silence, et apprendre que la lumière et l'ombre ne parlent pas.

L'Homme Bleu s'allongea, plaçant ses poings contre sa joue. Du trou du foyer montait une légère fumée grise, que le vent qui se glissait sous les pans de la tente rabattait aussitôt. Ce vent était comme une lame qui s'enfonçait brutalement entre les plis des tissus, cherchant la peau avec une sorte de rage espiègle.

— Toutes les choses de ce monde passent, dit l'Homme Bleu, et même le vent cessera d'être le vent. Puis l'accalmie, l'air immobile qui viendront après lui disparaîtront à leur tour, pour céder à nouveau la place au vent. Mais toi et les tiens, je le sais pour vous avoir vus dans vos villes, ou bien lorsque vous traversez le désert comme des chameaux aveugles lancés dans une grande course frénétique, vous avez oublié cela. De même que vous croyez être les maîtres et les possesseurs du temps, avec vos horloges, de même vous imaginez pouvoir l'arrêter. Et vous croyez que les tours que vous élevez le sont pour toujours. Demain, ou plus tard, quand le vent aura cessé et que nous repartirons, tu comprendras peut-être, parce que tu seras obligé d'avancer pour aller vers le prochain puits, vers l'oasis, que le désert est le lieu où tu te souviens que la vie est passage, mais qu'il faut la parcourir.

L'Homme Bleu se redressa, croisant à nouveau les jambes, sa tête penchée au-dessus du foyer.

— Ceux qui aiment connaître l'âme des choses viennent ici, au désert, murmura-t-il. Je t'emmènerai à Tamanrasset. Tu y découvriras une sorte de fort, de couleur brune, aux larges et hauts murs bâtis de terre cuite. Le vent qui transforme les montagnes de l'Aïr, du Hoggar et du Tassili en des doigts de pierre ridés un jour rongera les murs de ce bordj. Mais il ne l'a pas encore attaqué, comme s'il s'était détourné de lui par respect pour l'homme vêtu de blanc qui y a vécu, et y a planté sa croix au sommet. Tu y verras la chapelle où cet homme priait, puis la petite pièce sombre où il travaillait, et enfin la porte étroite par où ses meurtriers le forcèrent à passer avant de le tuer contre un mur. Et j'ai vu, longtemps, sur cette terre brune, une tache plus sombre, comme l'ombre laissée par le sage ermite venu prier ici son Dieu. Les hommes qui l'ont tué étaient devenus des pierres, oubliant qu'il y a place dans le désert pour toutes les formes de Dieu.

L'Homme Bleu baissa la tête.

— Dieu est pourtant unique, reprit-il, mais l'homme peut imaginer Dieu comme la pensée, et la rose l'imagine comme le parfum. Il s'agit toujours de Dieu. Et seul celui dont le sang est devenu graviers et l'esprit cailloux peut croire qu'en poignardant un homme on tue l'idée qu'il se fait de Dieu.

L'Homme Bleu releva la tête.

— Je sais que dans le pays de l'ermite venu prier ici, même lorsque les cloches sonnent, les églises restent vides, et que seules les vieilles gens, aux mains et aux lèvres tremblantes, s'y recueillent. Je sais que les plus grandes et les plus anciennes de vos cathédrales sont comme des grottes que l'on visite, mais où ne coule plus que le mince filet d'une foi que plus personne n'enseigne. Mais crois-tu que les hommes puissent rester ensemble si rien ne les rassemble ?

L'Homme Bleu souleva un coin du tapis sur lequel il était assis. Il lissa le sable avec sa paume, mais le vent qui s'infiltrait sous la tente creusa rapidement de petits tourbillons, puis des rides, et l'Homme Bleu murmura :

— Qui a créé le désert ? Moi, répondit le vent.

L'Homme Bleu roula un tapis et, le plaçant contre les bords de la tente, colmata les interstices, puis il revint s'asseoir à sa place.

Il recommença à lisser le sable. Il dessina sur la surface plane un petit cercle, puis un cercle plus grand, à l'intérieur duquel il traça plusieurs circonférences.

— Lorsque tu marches dans le désert, reprit-il en pointant son doigt sur le petit cercle, tu rencontres souvent des ossements. Certains viennent des temps reculés, quand les Hommes d'Hier habitaient ce monde. De loin, quand on aperçoit ces gros cailloux blancs, personne n'imagine qu'ils étaient entourés de chair et qu'ils portaient un animal. C'est cela le grand mouvement de la vie, le passage de la chair à la pierre et au sable.

L'Homme Bleu planta son doigt au centre du petit cercle.

— Ce n'est pas de cela que je voulais te parler, mais seulement te dire que quand un animal ou un homme s'éloigne des autres, il devient une proie et bientôt son corps est comme un tas de pierres sèches. Les rapaces ont nettoyé sa charogne jusqu'au dernier morceau de chair. Quand les hommes ne sont pas rassemblés dans une famille, un clan, une tribu, un peuple, ils sont perdus.

De son doigt, il montra le grand cercle.

— Les voilà ensemble, dit-il. Si un jour, demain ou un autre jour, à ton prochain voyage, si tu sens le besoin de revenir...

Il s'interrompit.

— Car on éprouve toujours le désir de retrouver le désert. On a eu les lèvres éclatées, les orteils déchirés par la poussière tranchante, les talons percés de plaies, on a dormi recroquevillé. Mais celui qui est venu n'oublie pas. Il s'est couché sous les étoiles, et elles ne brillent jamais plus fort qu'au-dessus du désert. La nuit n'est nulle part aussi noire et aussi brillante, et c'est ici que tu entends le silence. Le désert est le seul lieu du monde où l'on reste propre sans se laver, et cela des mois durant. Le vent et le sable nettoient jusqu'à l'os. Ils arrachent la peau. Ils laissent l'homme nu, comme écorché. Ou son âme est forte, et il ose regarder ce qu'il est, ou bien il se lamente. Il parle et sa bouche devient sèche. Les puits sont loin. Alors, il court, seul. Il abandonne les siens, et les rapaces commencent à le suivre. D'abord ils volent très haut, autour de lui, puis, au fur et à mesure que son allure faiblit, ils se rapprochent. Et quand il tombe, ils sont là, à battre des ailes et à crier autour. Bientôt, ils se posent sur ses épaules et commencent à le picorer, crevant ses yeux à coups de bec, enfonçant leurs serres dans la peau.

Il avait en parlant éloigné son doigt du grand cercle.

— Toi et les tiens, vous êtes comme cet homme-là. Dans vos pays, l'eau coule comme si les sources ne pouvaient jamais se tarir. Vous ne pouvez rester une heure sans vous laver. Et vous êtes sales. L'air que vous respirez apparemment ne brûle pas la peau. Et pourtant il y a sur votre visage et sur vos mains, à l'intérieur de votre corps, une couche noire, et c'est pour cela qu'il vous faut de l'eau.

L'Homme Bleu se frotta les mains, comme s'il les lavait.

— Mais vos mains restent couvertes de cette couche noire, même quand votre peau semble blanche. Ici, celui qui croit aux apparences meurt. Celui qui ne marche pas aux côtés des autres devient charogne. Celui qui ne prête pas sa main pour aider l'autre se condamne à ne pas être secouru. Et chacun sait qu'il aura un jour besoin de quelqu'un.

L'Homme Bleu secoua la tête, ce qu'il ne faisait que rarement tant il était économe de chacun de ses gestes, de chaque mouvement de son corps.

— Ici, tu apprends que la solitude est la pire condamnation dont on puisse accabler un homme. Elle le conduit à la mort. Toi et les tiens, vous croyez pouvoir agir seul, comme des dieux. C'est pour cela que vous ne priez plus ensemble et que les lieux où jadis vous honoriez Dieu sont vides, comme des puits ou des forts abandonnés.

L'Homme Bleu ouvrit les mains, montrant ses paumes dont la peau était claire, presque rose.

— Vous avez oublié que l'homme n'est pas Dieu, dit-il, et qu'il est perdu s'il croit qu'il en a les pouvoirs.

Il montra à nouveau toutes les petites circonférences que le grand cercle contenait.

— Si un jour, demain ou un autre jour, reprit-il, tu vas dans une oasis, tu verras les troupeaux rassemblés. Ils viennent là pour s'abreuver. Le sable est recouvert par une couche épaisse de tout ce que les animaux rejettent, puis piétinent en se pressant les uns contre les autres pour boire. Chaque animal est au côté de son semblable. Les vaches des tribus peules vont ensemble à l'abreuvoir. Et il en est de même des moutons, des chèvres ou des chameaux. Les animaux de chaque espèce restent entre eux.

Il posa la main sur sa poitrine.

— L'homme est différent, continua-t-il. Tu es ici avec nous, toi qui viens d'ailleurs. Mais crois-tu que tu puisses devenir un homme du désert ? Tu as une âme qui est à toi et qui, depuis les Hommes d'Hier de ton monde, a été sculptée jour après jour. Si tu y renonces, si tu crois pouvoir changer d'âme comme on change de voile de front et de bouche, tu te trompes. Il faudra que le vent transforme en sable toutes les montagnes de l'Aïr, du Tassili ou du Hoggar, pour que les hommes aient oublié ce qu'ils sont, et appartiennent au même troupeau. Celui qui renonce à sa mémoire aujourd'hui n'est plus rien qu'un homme seul et perdu. Le serpent n'est pas une autruche, et tu n'es pas un homme du désert...

L'Homme Bleu effaça les cercles sur le sable. Il se redressa. Le vent avait cessé de souffler. D'un mouvement lent, il rejeta les pans de la tente, et le froid vif se glissa sous le toit.

— Le vent s'est enfui, mais le froid demeure, dit l'Homme Bleu.

Dehors, dans la voûte noire du ciel, les grandes traînées blanchâtres constituées d'étoiles innombrables partageaient la nuit.

— C'est la grande caravane, indiqua l'Homme Bleu en les désignant. Celui qui les a créées a donné aux hommes le moyen de trouver leur chemin.

Il s'assit sur le sable, traça du bout du doigt une longue ligne droite.

— Si tu ne retiens de ma parole que quelques

mots, dit-il, que ce soient ceux-ci : “ Marche en avant de toi-même, comme le premier chameau de la caravane. ”

L'Homme Bleu s'était tassé. Sa silhouette, dans l'obscurité, n'était qu'une forme aux contours indécis. Il n'avait pas allumé de feu, et il était impossible de distinguer la fente qui séparait son voile de front et de bouche.

Peut-être avait-il fermé les paupières... Mais la fixité de son regard était si grande que l'on pouvait parfois penser qu'il avait la faculté de dormir les yeux ouverts.

Le temps passa.

Une gaze grise couvrit les fleuves d'étoiles et la nuit parut encore plus dense, le froid ayant gelé tous les bruits.

— Le premier chameau de la caravane, reprit l'Homme Bleu, sait trouver seul son chemin dans les dunes, même quand le vent et la tempête ont effacé toutes les pistes et que plus une crête n'est là où elle était. Mais il sait voir loin, il se dirige vers les doigts dressés au milieu des sables, ces blocs de rochers qui sont la mémoire des montagnes. Celles que le vent a vaincues. Les autres chameaux le suivent, et même les hommes se laissent guider par lui. Il va vers le puits. Il va vers l'oasis. Il se baisse quand l'homme veut descendre de sa selle. Il se laisse entraver et il obéit quand on le commande. Il marche en avant de lui-même parce qu'il sait qui il est.

L'Homme Bleu oscilla d'avant en arrière et malgré l'obscurité on pouvait deviner qu'il avait pris une poignée de sable. Dans le silence, on entendait le léger crissement du filet de sable qu'il laissait glisser entre ses doigts.

— Mais toi et les tiens, savez-vous encore qui vous êtes ? demanda-t-il.

Et sa silhouette grandit. L'Homme Bleu s'était redressé, et parce que la longue coulée d'étoiles n'était plus masquée par le mince rideau nuageux, on le distinguait mieux, le cou serré dans le foulard, la tête légèrement levée, enturbannée par son voile de front et de bouche.

— Comment pourriez-vous marcher en avant de vous-mêmes si vous ignorez ce que vous portez en vous ? Tu es venu ici, tu sembles attentif à ce que je dis, mais qui suis-je pour toi ? J'ai vu partout dans les demeures des tiens défiler ces images vivantes sur les écrans de verre. Et quand je me suis promené dans les rues, j'ai croisé des hommes et des femmes qui marchaient et parlaient comme ceux que j'avais vus sur les écrans. Qui vous habite ? Vous-mêmes ou d'autres ? Comment savoir qui vous êtes si vos gestes sont imités, si les mots que vous prononcez volés à d'autres — qui ne sont que des figures dont le vrai sang, quand on les tue, ne coule jamais ?

Tout à coup, il y eut un frottement, bref, puis dans la nuit un éclat de lumière, comme si une étoile avait été emprisonnée. L'Homme Bleu venait de sortir son poignard, et se servait de sa lame comme d'un miroir.

— Quand tu égorges un mouton, dit-il, quand tu l'écorches, que tu ouvres son ventre et que tu sens la chaleur du sang et des viscères sur tes mains, tu apprends ce qu'est la vie et comment un morceau d'acier qu'ont martelé les forgerons peut en trancher le cours. Mais savez-vous encore cela ? Qui chez vous veille le mort et porte son corps dans un linceul blanc ? Qui fait glisser sur lui le sable ? Qui l'enfouit ? Vous ne voulez pas voir et entendre la mort qui s'avance. Vous enfermez ceux qu'elle guette dans des chambres blanches et ceux qui les accompagnent sont des étrangers. Quand les proches s'avancent, la mort s'est déjà enfuie. Et le corps raidi est vite caché dans une caisse. Comment veux-tu savoir qui tu es, si tu ne vois pas le sang couler et la mort voler ceux que tu aimes ? Celui qui ne regarde pas la mort, qui n'ose pas marcher près d'elle, et qui fait semblant de ne pas savoir que la viande dont il se nourrit... — vous aimez tant la chair, toi et les tiens ! s'exclama-t-il avant de poursuivre — est celle d'un animal mort, qu'il a fallu tuer, dont le sang a giclé, celui-là ne vit pas vraiment. Il ignore qui il est. Comment veux-tu qu'il marche en avant de lui-même ? Il se rêve immortel, comme Dieu. Il n'est qu'un homme qui a peur. Vous ne pouvez pas être les maîtres de la vie si vous refusez de voir que la mort marche à côté de vous.

L'Homme Bleu s'était levé, et il allait et venait entre les tentes. Sa silhouette se découpait plus noire que la nuit qu'éclairaient les étoiles.

Il s'immobilisa enfin, se tenant de profil, bras croisés, la jambe droite légèrement avancée, soulevant un peu sa longue tunique.

— Je vais te raconter l'histoire d'Akrem et de Méjar, commença-t-il. Ces deux frères étaient aussi différents qu'il est possible de l'imaginer. L'un, Akrem, était réfléchi et silencieux, l'autre bavard et impatient. Mais Méjar était l'aîné et, après la mort de leur père, c'est lui qui devint le chef de famille. Il montait le premier chameau de la caravane et son frère fermait la marche. Un jour que la chaleur avait été particulièrement intense, et que la lumière dure et blanche n'avait laissé aucune ombre, ils arrivèrent au puits où ils devaient enfin remplir leurs outres et faire boire leurs chameaux. Mais le puits était obstrué et il n'existait qu'une mare d'eau boueuse. Akrem proposa de retirer les cailloux du puits et de tenter ainsi d'atteindre le fond. Méjar s'y opposa. Il fit boire les chameaux, qui ne purent qu'humecter à peine leur langue, puis il décida de repartir vers le prochain puits, malgré les réticences d'Akrem. Il vient toujours un moment où entre les plus proches des amis, entre les frères...

L'Homme Bleu s'interrompit, se tourna. Parfois, son regard était si dur, brillant d'autant plus que ses yeux étaient parcourus de minces filets rouges, qu'il obligeait à baisser la tête. Malgré l'obscurité, l'impression était la même.

— Saurais-tu dire non ? reprit-il. Il est des hommes qui pensent qu'il ne faut jamais, pour donner à l'autre la preuve qu'ils ont de l'estime ou de l'amour pour lui, s'opposer à ce qu'il désire. Alors, il n'y a plus qu'un seul avis qui compte, et les autres, par estime ou respect, souvent ces sentiments ne cachent que la peur de déplaire, se soumettent et approuvent. Je suis allé dans ton pays. J'ai entendu beaucoup de criailleries, comme celles que font les chamelles quand on les entrave ou qu'on les selle, mais je n'ai guère perçu, malgré ce bruit, les voix qui disent non ! Etes-vous donc tous de la même opinion ? Est-ce l'avis de Dieu que vous suivez ? Mais alors vous seriez des hommes de foi, et vos lieux de prière sont vides ! Qu'êtes-vous alors ? Des moutons qui se pressent les uns contre les autres et que le berger fait courir, qui ne savent que pousser des bêlements d'obéissance et de crainte ? Mais il est vrai que, pour pouvoir dire non, il faut savoir qui l'on est. Akrem le savait, et il osa dire non à son frère Méjar qui s'éloigna avec la caravane, le laissant seul près du puits obstrué.

L'Homme Bleu se rapprocha.

— Je t'ai dit que l'homme seul dans le désert est un homme perdu. Mais Akrem était sur la lisière d'un puits. Et surtout, il avait cette force que donne la joie d'avoir tracé sa ligne droite et de la suivre. Etre clair avec soi-même, comme l'est l'eau verte d'un lac entre les rochers roses de l'Aïr, cela fait monter en soi la sève. Tout le corps se sent vif. Celui qui au contraire ignore ce qu'il pense, ou bien va contre ce qu'il ressent, est plein d'une eau croupissante, et il est sans énergie, comme ces mares dont l'eau déchire le ventre des hommes et gonfle celui des enfants.

L'Homme Bleu avait parlé avec une sorte de violence, comme s'il voulait exprimer le mépris qu'il ressentait pour tous ceux qui courbaient la tête et refusaient de dire ce qu'ils pensaient.

Il s'assit, se pencha en avant.

— Akrem n'attendit pas que les rayons du soleil se courbent, raconta-t-il. Il arracha pierre après pierre, alors qu'aucune ombre ne rayait d'un peu de fraîcheur l'éclatante chaleur. Mais sais-tu que celui qui accomplit ce qui est juste peut surmonter la fatigue et la douleur ? Je t'ai observé et j'ai vu tant des tiens si las, se prenant la tête à deux mains, posant leurs paumes sur leurs reins, se couchant en geignant, regardant leurs pieds blessés après les premiers pas dans les cailloux du désert, que je me suis demandé si parmi vous il y avait encore des hommes qui agissent selon leur foi ! Je les ai vus, les tiens, avaler ces petites billes de couleur rouges, bleues, jaunes, espérant trouver dans ces poudres l'énergie qui les a fuis, ou la force d'oublier la fatigue ou la souffrance. Mais si l'on veut trouver de la force, il faut se nourrir de vérité, de sincérité, il faut faire surgir ce que l'on est, et suivre sa ligne droite.

L'Homme Bleu leva le bras, comme s'il s'apprêtait à brandir une lance. Et il l'abaissa brutalement.

Il donna ainsi l'impression d'avoir planté son arme dans l'adversaire.

Il se tut quelques minutes.

— Les premières pierres enlevées, Akrem put se glisser dans le puits. Mais il rencontra, après être descendu de sa hauteur, une première plate-forme constituée de pierres entassées. Un mince filet d'eau coulait, plus fraîche et plus claire que celle de la mare saumâtre où avait bu Méjar. Akrem s'assit, s'aspergea le visage, mais sans boire encore. Il prit une longue lanière, la noua au rebord du puits, s'assura de sa solidité, puis réfléchit. Maintenant seulement il pouvait s'interroger. Il était assuré de pouvoir remonter, donc il pouvait se demander s'il devait ou non poursuivre sa descente, aller voir plus profond pour essayer de trouver une eau plus claire encore, plus abondante.

L'Homme Bleu martela le sable du plat de la main.

— Il ne sert à rien de se poser les questions trop tôt, dit-il. Mais celle qui tenaillait Akrem, quel homme, à un moment, ne l'a pas en tête ? Faut-il poursuivre ou s'arrêter ? Toi et les tiens, comment y répondez-vous ? Vous allez plus vite, plus loin. Vous voulez tout posséder. Mais vous n'êtes pas comme Akrem qui s'enfonce pour chercher de l'eau pure. Vous êtes de ces hommes qui croient qu'en vous hissant toujours plus haut vous allez atteindre la joie et la puissance. Comment avez-vous pu oublier que seul Dieu est en haut ? Qu'il faut regarder vers lui, mais en se baissant, en s'enfonçant en soi, en essayant de découvrir ce que l'on est ? C'est en creusant que l'on s'élève. C'est lorsqu'on fore le puits le plus profond que l'eau jaillit plus haut, plus fraîche, plus transparente.

L'Homme Bleu, dans la nuit qui s'éclaircissait, s'agenouilla et commença à creuser un trou dans le sable.

Il travaillait avec des gestes plus rapides qu'à l'accoutumée, ne cessant d'élargir et d'approfondir ce cratère au centre duquel il disposa quelques brindilles sèches et des crottes de chameau.

— Il faut un grand feu, dit-il. Le thé doit être brûlant après une nuit de tempête.

Il se glissa, courbé, sous la tente, revint avec la théière et accomplit les gestes rituels. Puis il remplit les verres avec vivacité. Il but, faisant claquer sa langue, paraissant avoir oublié le récit qu'il n'avait pas terminé, et semblant ne pas voir ce qui l'entourait.

— Le désert, après le vent, a changé de visage, murmura-t-il au terme d'un long silence. Celui qui veut trouver son chemin au lendemain de la tempête avec les yeux de la veille, celui-là se perdra.

D'un mouvement inattendu des deux mains, il enterra le feu sous des coulées de sable.

— Voilà ce que le vent peut faire du feu, dit-il. Voilà ce que la vanité et l'impatience font de la raison d'un homme. Méjar, le frère aîné d'Akrem, était parti comme un aveugle qui croit connaître sa route et qui prend ses rêves pour le monde. Il se perdit. Akrem remonta du puits ses outres gavées d'eau fraîche, si pure qu'elle en paraissait un peu sucrée.

« Après l'avoir abreuvé, il chargea le seul chameau que lui avait laissé son frère. Il avait l'impression d'être un homme différent. Et il l'était. Celui qui a osé dire non, celui qui est descendu profond en lui-même n'a pas seulement trouvé une source d'eau, il a fouillé ses origines. Il a fait jaillir l'âme qui est en lui. Chacun de nous est un puits. Qui ose jamais s'enfoncer au-dessous de la première plate-forme pour aller chercher une eau plus claire ? Qui ose savoir pourquoi il accomplit tel ou tel pas ? Celui qui a ce courage, celui-là, il va trouver son chemin d'une oasis à l'autre, et même si le vent a changé le tracé des crêtes, de toutes les dunes.

L'Homme Bleu se leva, marcha dans la direction du soleil dont les jets de lumière blanche surgissaient au-dessus des cimes festonnées de l'Aïr.

Puis il revint sur ses pas, avant de s'immobiliser au bord de ce qui avait été le foyer.

— Akrem, reprit-il, ne chemina que quelques instants. Il s'arrêta et retourna vers le puits qu'il venait de dégager. L'ombre matinale avait déjà disparu, mais ce n'était pas encore la pleine et violente chaleur de la mi-journée. Il s'agenouilla et constitua tout autour du puits, avec les cailloux qu'il avait retirés, une margelle, afin de le protéger de nouveaux éboulements. Il redescendit même à l'intérieur du puits pour vérifier que les parois étaient bien lisses. Il remonta et, lorsqu'il fut debout, il se sentit heureux comme jamais il n'avait été. L'homme qui se connaît pour être descendu au fond de lui-même, l'homme qui a accompli ce qu'il désirait, celui-là est en paix avec soi, et ne fait pas la guerre aux autres. Il a attaché et entravé les ailes de ce rapace noir qui niche en chacun de nous.

L'Homme Bleu commença à dénouer les haubans de la tente.

— Et si certains, parmi les hommes, voulaient au contraire que les rapaces couvrent le ciel de leurs ailes ? dit-il d'une voix sourde.

L'Homme Bleu fit quelques pas.

— Interroge-toi durant la marche, ajouta-t-il. Et quand la troisième nuit viendra, nous parlerons.

La troisième nuit

— Regarde, dit l'Homme Bleu.

Il tendit le bras vers l'horizon.

C'était l'instant où le ciel pâlit, quand la nuit se prépare à saisir le jour dans sa mâchoire, à l'engloutir sans qu'aucun crépuscule annonce cette disparition. Tout à coup, ce sera le noir sur cette terre ocre, parsemée de cailloux tranchants.

— Voilà le chacal, reprit l'Homme Bleu, montrant une silhouette qui se déplaçait vite, rasant le sol.

L'Homme Bleu fit un pas entre les tentes qu'on venait de dresser. A l'horizon, une table rocheuse bleutée, ce qui restait d'un massif après le travail millénaire du vent, surgissait, basse et puissante comme une muraille fermant le désert du Ahaggar.

— Et les rapaces le suivent, ajouta l'Homme Bleu.

Sa main montra des points noirs qui, comme

des pierres lancées, traversaient le ciel, accompagnant la course du chacal.

— Ils se nourrissent des mêmes charognes, dit l'Homme Bleu en étendant sur le sol un tapis, puis s'y asseyant.

On prit place autour de lui, et on attendit qu'il eût allumé le feu. Les flammes se dressèrent au moment précis où la nuit s'empara de la terre, serrant dans le froid de ses dents noires chaque chose vivante et faisant même, tant le contraste était grand entre le jour et la nuit, éclater les pierres qui se brisaient en cailloux aux arêtes vives. Et ces débris de la nuit s'enfonçaient dans les chairs comme un rappel de la précarité du jour.

— Ceux qui vivent de la mort sont toujours des alliés, commença l'Homme Bleu. Un jour...

Il s'arrêta, se leva.

Dans la lueur tremblante des flammes, il revint avec une arme automatique dont l'acier brillait. Il en fit jouer la culasse qui claqua comme une pierre qui heurte du métal. Puis il enleva le chargeur, le remit.

— Les chacals et les rapaces ont aussi visage d'homme, dit-il. Dans vos pays, les animaux de proie sont tous rentrés dans leurs tanières humaines. Ceux qui sont venus ici nous offrir ces armes étaient doux comme des moutons. Ils se présentaient comme nos fidèles amis. Mais si d'une main ils nous donnaient ce dont nous avions besoin pour nous défendre, de l'autre main ils apportaient des armes tout aussi puissantes à nos ennemis.

L'Homme Bleu s'était à nouveau assis devant le foyer, son arme posée devant lui à plat sur le tapis. Il étendit la main, ramassa plusieurs pierres sur le sol, les aligna en deux rangées qui se faisaient face.

— La guerre, dit-il, est à la fois claire et obscure. Il y a deux camps qui s'opposent...

Il effleura de ses doigts la première ligne de cailloux, puis la seconde.

— Ils sont face à face, reprit-il. Tu es avec l'un ou avec l'autre. Avec le Bien ou avec le Mal.

Tout à coup, d'un mouvement rapide des deux mains, il détruisit les alignements de pierre, mêlant les cailloux.

— Mais voici que tout devient obscur. C'est la mêlée des combattants. Où sont ceux qui défendent le Bien, qui sont les soldats du Mal ? Peux-tu choisir entre ces cailloux, comment les reconnaître ?

Il se pencha, sépara à nouveau les pierres, reconstitua deux rangées opposées.

— Pourquoi ceux qui défendent le Bien craindraient-ils d'avancer à visage découvert ? C'est le chacal qui laisse traîner son museau sur le sol, qui rampe autant qu'il court pour essayer de faire oublier sa présence. Et son pelage a la couleur de la terre.

L'Homme Bleu passa la main sur le sol.

— Le serpent aussi veut disparaître entre les pierres. Il se perd dans les buissons et tu le confonds avec une branche. Tu avances le bras, tu crois à l'écorchure d'une épine, c'est la morsure du poison qui va te paralyser dont tu éprouves la douleur. Apprends aussi à distinguer les vautours aux ailes repliées. Ils se tiennent immobiles. Qui peut les distinguer de loin ? Ne les confonds pas avec les fruits de l'arbre ! Ils guettent et, dès qu'ils pressentent que la mort s'avance, ils vont s'envoler et s'abattre sur le blessé qui agonise.

L'Homme Bleu passa à nouveau le doigt sur les rangées de cailloux.

— Si tu n'apprends pas à distinguer le Bien du Mal, si tu ne sais pas que le Mal se dissimule, qu'il prend la forme et le visage de l'homme, de la terre ou de l'arbre, tu ne pourras pas le combattre alors qu'il cherche à te vaincre, à te soumettre, à t'exploiter et pour finir à te détruire.

Il prit son arme à deux mains, la souleva.

— Nous sommes des guerriers, dit-il. Autrefois, nous n'avions pour nous défendre que le sabre et la lance. Puis on nous vendit, on nous offrit ces armes qui tuent avant que l'ennemi ne nous voie. C'est comme si tombaient sur lui des météorites dont il ne peut prévoir la course. Nous avons vaincu. Et puis nous sommes devenus des maîtres.

« Mais avant même de posséder ces armes de feu, nous sommes allés vers les villages des terres humides et on nous a vendu les hommes à la peau noire, entravés, une corde serrant leur cou et leurs chevilles. Nous les avons conduits jusqu'au bord de l'océan, en longues files ondoyant dans le désert. Et les chacals et les rapaces nous suivaient, attendant que l'un de ces esclaves tombe, épuisé, sur le sable. Alors nous tranchions son licol, nous savions que les chacals et les rapaces allaient le lacérer, et qu'après le soleil et le vent chargé de sable blanchiraient ses os qui deviendraient des cailloux parmi les cailloux. Nous avons été un temps des guerriers au service du Mal. Nous capturions les hommes, et ceux qui étaient les maîtres du Mal nous les achetaient, avant de les charger comme des outres pleines de sang dans leur bateau, dont nous apercevions les voiles s'éloignant sur le grand désert océan.

L'Homme Bleu reposa son arme sur le tapis et se frappa la poitrine de son poing.

— Celui qui sert le Mal est à son tour la proie

du Mal, dit-il. Nous avons été chassés de nos oasis. Nos familles ont été partagées entre plusieurs puissances. Le Mal divise pour régner. Il trompe. Il ensorcelle. Et celui qui croit que seul le Bien existe, et qui ne sait pas reconnaître les visages du Mal sous les masques qu'il utilise, celui-là sera un jour la proie des rapaces.

L'Homme Bleu croisa les bras, dans une attitude qui lui était familière.

— Il faut apprendre à déjouer les pièges et les stratagèmes du Mal, continua-t-il. Il est habile. Il est roué. Il sait que ce qu'il dit est entendu par une part de chacun de nous. Son but n'est pas de t'aider, comme il le dit, mais de te presser comme une outre. Il est comme un homme qui a besoin de plus en plus d'eau, et qui se moque d'épuiser tous les puits. Et c'est cette soif, cette faim, jamais étanchées, jamais satisfaites, qui te permettront de reconnaître, sous ses déguisements, le Mal. Il est l'avidité et l'égoïsme.

L'Homme Bleu se tut, s'occupant de nourrir le feu, d'inviter chacun à prendre sa part d'une galette de farine qu'il avait fait cuire entre deux pierres.

— Il y a parmi les tiens, dit-il, des gens dont la

gorge est toujours sèche. Ils viennent ici. Ils tracent des routes. Ils les parcourent. Ils creusent des puits, dont ils disent qu'ils iront chercher l'eau au centre de la terre, et dont les parois ne s'ébouleront pas. Font-ils cela pour nous, pour le Bien ? Ils veulent que nous devenions à leur image, et que nous soyons leurs serviteurs. Ou alors, comme toi, ils viennent nous écouter, nous observer, comme si nous étions déjà des vestiges, des sortes d'inscriptions, non pas tracées dans la pierre mais vivantes, encore pour quelques jours et quelques nuits, et sillonnant le désert. Et si nous ne voulons pas être réduits à ces figures, alors ils nous détruiront, non pas en nous tuant, mais en cherchant parmi nous ceux qui sont les plus faibles, ceux qui se laisseront séduire et tromper.

« Le scorpion et le serpent sont sous le sable et dans le buisson. Le chacal et les rapaces restent à l'affût. La guerre ne cesse jamais. Malheur à qui l'oublie.

L'Homme Bleu se laissa aller en arrière, ses bras tendus, s'appuyant sur ses mains posées sur le tapis.

— Si tu ne crois pas à l'existence du Mal, tu seras sa victime, dit-il. Si tu n'imagines pas qu'il cherche à tirer de ton puits toute l'eau qu'il contient, tu ne retrouveras plus une goutte d'eau ! Tu mourras de soif.

L'Homme Bleu parlait sans hargne, avec une sorte de détachement.

Il montra d'un geste de la tête, levant le menton, les étoiles qui dessinaient dans le ciel leur géométrie de points brillants, dont certains étaient si proches les uns des autres qu'ils formaient comme un collier scintillant.

— Il y a une organisation du ciel, dit l'Homme Bleu. Pourquoi n'y aurait-il pas une organisation du Mal ? Des points noirs entre les étoiles, une trame sombre, que seuls voient ceux à qui l'on a enseigné les lois du monde, et qui savent que le jour ne va pas sans la nuit, le Bien sans le Mal. Et qui donc se méfient et savent repérer le chacal, le rapace, le serpent et le scorpion. Et, sous le masque souriant de l'homme qui s'avance, ils distinguent le traître, allié du Mal.

L'Homme Bleu rejeta sa tête en arrière, le visage caché par le voile de front et de bouche tout entier tourné vers le ciel.

— Je veux te raconter l'histoire du serpent, du rapace et de l'autruche, reprit-il. Imagine...

Il leva les deux mains, dessina dans l'espace

de nuit éclairé par les flammes du foyer une forme qui pouvait être celle d'un arbre, ou même d'une femme. Il recommença plusieurs fois, répétant « Imagine » après chaque geste.

— Imagine un arbre, un palmier dattier. Il a poussé au milieu du désert, parce qu'il y a toujours un lieu, même au cœur de la pierre, où se cache une source d'humidité. Un serpent et une autruche se disputaient les fruits de cet arbre. Le serpent était prévoyant et habile. Il alla trouver les rapaces et, après de nombreuses palabres, l'alliance du Malin et des dévoreurs de charogne fut scellée. Puis le serpent revint vers l'autruche. Les dattes étaient en haut de l'arbre. Pour les atteindre, il fallait en gagner la cime. Le serpent assura qu'il allait y parvenir, mais il se contenta de faire le tour du palmier dattier, profitant d'un instant d'inattention de l'autruche. Puis il cria que c'était au tour de l'autruche de chercher à atteindre les plus hautes branches.

« L'autruche y parvint si bien qu'elle resta prisonnière du palmier. Le serpent l'incita à bouger. Et ce qu'il attendait se produisit, les dattes tombèrent sur le sol. Il les engloutit puis s'éloigna, cependant qu'approchaient ses alliés, les rapaces, qui allaient se précipiter sur l'autruche empêtrée dans les palmes.

L'Homme Bleu se tut, la tête maintenant penchée en avant, regardant les cendres rouges.

— C'est une fable de mon peuple, dit-il. Crois-tu qu'elle n'aurait pas pu être écrite par un homme du tien ? Mais chez vous, il n'y a plus de serpent, d'autruche ou de rapaces. Et le palmier est rare. On m'a raconté pourtant que pour devenir chef de vos peuples, il faut promettre à chacun de ses membres des cadeaux et des avantages. Ceux qui veulent diriger flattent les plus naïfs, les invitent à les soutenir. Les hommes aveuglés par les flatteries sont les autruches de notre fable. Ils sautent et font tomber les fruits dont le serpent se nourrit, pendant que ses alliés s'apprêtent à dévorer la dupe. Ne mets-tu pas un nom d'homme sur ces animaux ? Quand je vous écoute me raconter comment sont gouvernées vos cités, je me demande si les autruches ne sont pas ceux qui votent, et les serpents et les rapaces ceux qui se font élire, qui promettent, trompent, dévorent ceux qui les ont crus.

L'Homme Bleu se leva. Le sol caillouteux, durci par le froid de la nuit, craqua sous ses pas.

— Certains croient encore qu'il suffirait d'un pays où il y aurait en abondance des dattes et du blé, où chacun prendrait à sa guise ce dont il a besoin, pour que le Mal s'évanouisse, que les serpents et les rapaces disparaissent ou se transforment en êtres de Bien. Mirage ! Souviens-toi des Hommes d'Hier qui pouvaient se gaver à satiété de lait. Souviens-toi qu'ils ont égorgé Romi, la chèvre divine. Il y a dans chacun de nous le désir de posséder ce qu'il n'a pas, et il est prêt pour cela à tuer son plus proche ami, son propre frère.

L'Homme Bleu s'accroupit, prit une pierre, la posa devant lui, et plaça son poignard en équilibre comme s'il s'agissait d'un levier.

— En nous, le Mal trouve souvent un point d'appui, dit l'Homme Bleu. Si tu ne sais pas contrôler ta soif, si tu regardes l'outre de ton voisin avec envie, si tu trouves sa femme désirable et si tu la veux pour toi, et si tu n'es pas capable de tirer sur les rênes pour retenir tes désirs, alors tu es à la merci du Mal. Et tu vas devenir son allié.

L'Homme Bleu se redressa et commença à faire le tour du campement, s'arrêtant devant chaque tente, saluant d'une inclinaison de tête les hommes qui y étaient rassemblés, puis il revint s'asseoir devant le foyer.

Il prit deux cailloux de taille voisine, les soupesa puis, continuant à faire osciller ses mains d'une manière à peine perceptible, dans la nuit, il dit :

— Entre le Bien et le Mal, entre ce qui pousse les hommes à s'unir et ce qui les conduit à se diviser, à se haïr, à se jalouser, c'est comme entre ces deux pierres. Quelle est la plus lourde et la plus légère ?

Il baissa brusquement sa main gauche, et souleva la droite.

— Si chacun jalouse l'autre, si l'envie a le plus grand poids, alors pourquoi les hommes resteraient-ils rassemblés ? C'est le temps des querelles et des voleurs qui commence. Il faut garder sa femme, la main serrée sur sa lance. Il faut surveiller son outre et sa tente, tenir les rênes de son chameau, même pendant le sommeil. Il n'y a plus de famille, de clan, de tribu, de peuple. Chaque homme est pour l'autre homme un ennemi.

Il posa les deux cailloux sur le tapis.

— N'est-ce pas ainsi que vous vivez, toi et les tiens ?

L'Homme Bleu parla longtemps de ce qu'il savait des mondes d'au-delà du désert.

Il dit que certains de ses frères avaient vécu loin des dunes, dans les villes, dans des camps de réfugiés. Les hommes et les femmes, et même les enfants, ne se réunissaient plus selon les lois de la famille ou de la tribu, mais ils se rassemblaient pour mieux voler, et ils obéissaient aux principes du Mal, ou bien, mais c'était une autre façon de se soumettre, ils vivaient de l'aumône ou de ce qu'on leur distribuait. Ils avaient perdu la fierté.

— Qu'est-ce qu'un homme qui n'a plus d'orgueil ? Un animal qui dépend de son maître, un chien errant, un chameau perdu, qui un jour ou l'autre sera dépecé par les chacals et les rapaces. Voilà ce que m'ont dit de votre vie mes frères qui sont allés parmi les tiens. Ils songeaient à leurs longues marches dans le désert comme à un paradis perdu. Et pourtant, ils n'avaient plus besoin d'aller de puits en puits pour recueillir un peu d'eau souvent saumâtre. Mais un verre d'eau pure vaut-il qu'on s'agenouille et qu'on tende la main comme un mendiant ?

L'Homme Bleu avait repris les deux cailloux.

Il les soupesa à nouveau, puis il souleva la main gauche, comme si le poids du caillou qu'il tenait dans la main droite déséquilibrait le fléau d'une balance. Peu après, il ramena les deux mains à l'horizontale.

— Quand une caravane se rassemble, chacun de ceux qui la composent sait qu'il fait partie d'un groupe qui doit rester uni. L'intérêt de chacun et l'intérêt de tous s'équilibrent.

L'Homme Bleu fit à peine balancer sa main gauche et sa main droite.

— Si le chameau ou l'âne de l'un meurt, et cela

arrive parfois, ce qu'il portait est divisé et les autres prennent son chargement, l'un, les paquets de dattes, et l'autre, les pains de sel.

L'Homme Bleu posa à nouveau les deux cailloux sur le tapis.

— Personne ne commande aux hommes de la caravane d'agir ainsi, mais ils le font cependant, sans hésiter. Chacun sait ce qu'il doit aux autres, et ce que les autres lui doivent.

Il tendit le doigt.

— Tu viens des pays qui disent que l'avenir leur ressemblera. Toi et les tiens, vous nous avez jugés comme des Hommes d'Hier, vous nous avez conquis, puis condamnés. Vous avez dit de nous que nous étions des marchands d'hommes, que parmi nous vivaient des esclaves. Sais-tu que leurs enfants étaient élevés dans nos familles, dormant près de nous, mangeant ce que nous mangions, et que même s'ils ne devenaient pas des hommes libres, ils étaient des hommes de fierté, comme nous ? Jamais, comme on le voit dans vos villes, nous ne les aurions laissés mourir à quelques pas de nos tentes, de soif, de froid ou de faim ! N'est-ce pas ce que vous faites avec ces hommes et ces femmes dont vous dites qu'ils sont vos égaux, et que vous abandonnez au coin des rues de vos villes ? Ils ont des abris qui sont plus misérables que les plus pauvres de nos tentes ! Et quand vous leur donnez, ce n'est pas l'un de vous qui leur tend la main, mais des gens inconnus, payés pour cela, qui offrent un billet de votre monnaie. Où est l'âme de votre don ?

L'Homme Bleu traça dans le sable une ligne sinueuse, et à côté d'elle un sillon profond et droit.

— Nous avions nos caravanes, commença-t-il. Elles portaient vers les oasis la viande et les tomates séchées de l'Aïr, le thé, les tissus, le blé et le mil, les dattes et les pains de sel coulés dans les troncs évidés des palmiers. Elles allaient lentement de puits en puits. Lorsqu'elles arrivaient en vue de l'oasis, les femmes couraient à leur rencontre, en poussant des cris de fête et en agitant des foulards. Vous vous êtes moqués de cela. Et vous avez lancé sur vos pistes droites les camions. Personne ne chante sur leur passage. Ils vont, entourés de nuages sales, et ils ne portent pas plus que les chameaux. Et peux-tu me dire à quoi sert la vitesse, si tu ne sais pas où tu vas ?

L'Homme Bleu creusa de nouvelles lignes dans le sable.

Les mouvements de ses mains étaient vifs et nerveux. Il contempla quelques minutes le dessin qu'il avait ainsi tracé. Les lignes partant toutes du même point pouvaient représenter les rayons d'un soleil ou d'une roue.

— Vous parcourez toutes les pistes si vite, dit l'Homme Bleu.

Il passa sa main au-dessus des lignes qu'il commença à effacer, à partir de leur origine.

— Vous vous asseyez et vous êtes déjà debout. Vous mâchez votre première bouchée en pensant à la fin de votre repas. Vous partez et vous voulez déjà être arrivés. Vous ne savez que courir et vous ignorez la richesse de l'attente. Comment pourriez-vous alors savourer, observer, comprendre ?

L'Homme Bleu se redressa, serra les poings et les brandit.

— Je suis monté dans vos camions, dit-il. J'ai eu moi aussi la tête pleine de ce fracas du moteur et j'ai eu le corps brisé par les cahots de la piste. Je n'ai rien reconnu de ce que je parcourais depuis l'enfance. La poussière soulevée par les roues me masquait l'horizon. J'ai fermé les yeux, me souvenant des longs voyages lents, monotones, avec la caravane, et du temps qui m'était donné alors de soupeser chaque pensée, d'accrocher mon regard à la crête d'une dune et de la suivre des yeux, jusqu'à la suivante, et d'être ainsi guidé de crête en crête, vers les cimes de l'Aïr ou du Hoggar, et de me raconter une nouvelle fois, mais avec des mots différents, la vie des Hommes d'Hier.

L'Homme Bleu, penché en avant, secoua ses poings, cherchant sans doute à représenter le chauffeur du camion serrant son volant.

— Si tu vas vite, c'est que tu es un homme en fuite, dit-il. Et de qui as-tu peur ? De celui qui te commande et te paie, et exige de toi que tu ailles plus loin, ou que tu fasses plus en moins de temps ? Mais lui-même, qui pourrait s'arrêter, te regarder toi qui es à ses ordres, que fait-il sinon vouloir accumuler des biens, de plus en plus vite ? On m'a dit, l'un des tiens, qu'un des hommes les plus riches du monde passait une grande partie de sa vie dans un avion qui allait à la plus grande vitesse possible d'une ville à l'autre, de continent en continent. Quelle menace fuyait cet homme, sinon celle qu'il portait en lui ? A quel autre que lui-même voulait-il échapper ?

L'Homme Bleu desserra les poings, ouvrant ses mains.

— Est-ce des hommes comme celui-là dont tu veux me faire croire qu'ils sont les hommes de l'avenir, et le monde qu'ils construisent, celui qui doit être ?

L'Homme Bleu se leva et fit quelques pas.

— Crois-tu vraiment que les Hommes d'Hier, et nous les peuples qui en sommes les fils, avons beaucoup à apprendre de ces hommes-là ? dit-il. Crois-tu qu'il faut courir vers la fin de la vie à grandes enjambées ou au contraire prendre le temps de regarder la vie passer ? La vitesse étourdit et aveugle. Elle est pour celui qui a peur de lui-même le moyen d'oublier qui il est. Et à la fin, sais-tu ce qu'il fait ? Il se tue ou il meurt avant le temps. Est-ce ainsi que l'on doit vivre ? Avez-vous raison de vivre ainsi, alors que les Hommes d'Hier avaient déjà, dans leurs légendes, compris que c'était là folie ?

L'Homme Bleu revint vers le foyer.

— Kel, l'homme le plus riche de l'oasis de Bilma, commença-t-il, reçut un jour la visite d'un de ses serviteurs. Il avait confiance dans cet homme dévoué, qui approuvait chacune de ses décisions avec enthousiasme. Il s'était ainsi laissé prendre aux flatteries de cet homme envieux et hypocrite. Le serviteur lui annonça que la mort s'approchait de l'oasis de Bilma, avec l'une des caravanes dont l'arrivée était prévue. Et l'on murmurait, prétendit-il, que la mort venait chercher Kel, qui avait assez vécu, et dont la richesse et la puissance avaient irrité les forces obscures. Le serviteur savait employer les mots. Il voulait seulement infliger à son maître quelques heures ou quelques jours d'effroi, et pouvoir aussi lui annoncer, après, qu'il avait chassé la mort de l'oasis, et bénéficier ainsi de la reconnaissance de Kel.

L'Homme Bleu écarta les bras.

— Mais les choses ne se déroulent jamais comme on le croit, dit-il. Kel fut affolé. Il fit seller son chameau le plus rapide et il s'éloigna jusqu'au marché d'Inn-Gall où il se perdit parmi la foule, persuadé qu'il avait fui la mort et qu'elle mettrait longtemps avant de retrouver sa trace. Et soudain, avançant parmi la foule qui se pressait, il la vit venir vers lui, tout entière enveloppée de voiles noirs. Les gens, sans la reconnaître, s'écartaient d'elle. On murmurait que ce chamelier noir, maigre, au visage caché par le voile de front et de bouche, venait d'arriver avec la dernière caravane. La mort se dirigea vers Kel, et s'immobilisa devant lui. Les yeux de la mort exprimèrent la surprise : “ Je ne devais te rencontrer que beaucoup plus tard, à l'oasis de Bilma, dit-elle, peut-être dans des années, mais je suis heureuse que tu sois venu ici, m'évitant un long voyage, et une longue attente. Je vais donc te prendre avec moi, aujourd'hui. ” La mort tendit la main, et Kel sut qu'il ne pouvait refuser de la saisir.

L'Homme Bleu ouvrit sa main, la présenta.

— Pourquoi veux-tu que je me dépêche ? dit-il. Je veux qu'il y ait encore de nombreux jours et de nombreuses nuits. Et si tu ne veux pas croiser la mort avant le moment décidé et écrit par Celui qui est le maître des registres du temps, n'écoute pas ceux qui se servent de ta peur pour te faire fuir. Ne cours pas. Assieds-toi.

L'Homme Bleu s'assit.

— Prends le temps de parler avec toi-même. Regarde-toi, accepte-toi. Je veux t'aider chaque nuit à faire cela.

Il montra le ciel noir que l'aube ébréchait.

— La nuit, comme la mort, viendra à son heure, dit-il.

La quatrième nuit

L'Homme Bleu demanda d'un signe impérieux qu'on l'écoute.

La quatrième nuit venait d'un seul coup d'écraser le jour.

Ici et là, devant les tentes, les foyers faisaient de petites touffes de lueurs tremblantes, pareilles à des morceaux d'étoiles qui se seraient répandus sur le sable. Le son aigu d'un violon perçait la nuit, accompagné par les voix graves des hommes qui scandaient quelques syllabes et battaient des mains en cadence.

— Entends-tu ce violon ? demanda l'Homme Bleu. C'est Fati, l'une des plus belles femmes de l'Ahaggar, qui joue. Et autour d'elle, sous sa tente, des hommes sont assis. Ce sont eux qui chantent. Ils viennent parfois de très loin pour écouter Fati.

L'Homme Bleu, assis sur le tapis, commença à se balancer d'avant en arrière, suivant le rythme des chanteurs. Puis il dit d'une voix lente et grave :

Le violon comme le vent
Dans mon cœur rend bleue la flamme,
Et je marche jusqu'à l'horizon
Pour l'entendre...

Il s'immobilisa, la tête un peu penchée, comme pour mieux entendre le violon et les voix. Il murmura :

— L'homme au cœur enflammé dit à la femme : " Calme le feu que tu as fait naître dans mon corps. " Mais la femme, si l'homme se glisse la nuit dans la tente, et la caresse en essayant de ne pas réveiller les parents couchés près d'elle, fuit souvent comme une antilope. Elle ne veut pas que l'homme soit comme un lion avide de chair. Elle le veut fort et doux, audacieux et poète. Elle veut qu'il dise :

Je marche sur tes traces
Sans jamais te rejoindre
Car tu es agile comme
Le nuage.

« Si l'homme est ainsi, si elle lit dans ses yeux le respect et l'amour, alors elle peut l'accueillir, lui apporter la centaine de peaux qui sont nécessaires pour composer la tente nuptiale. Elle vient aussi avec le mât central qui soutiendra les peaux, avec les autres piquets sculptés, et les cordages. Elle n'oubliera pas le lit, les coussins et la natte, et tout ce qui est nécessaire pour la cuisine. Et elle sera bientôt l'épouse, qui avancera sur son âne chargé de ses lourds bagages de mariée, de sacs en cuir et de coussins décorés, suivie par son époux monté sur un chameau.

L'Homme Bleu tendit le bras en direction de la tente d'où provenaient le son du violon et les voix qui l'accompagnaient.

— C'est l'*Ahâl*, dit-il, là où les hommes et les femmes se rencontrent, où ils s'observent et s'admirent. Plus tard, ils se retrouveront lors des fêtes, quand les chameliers se lancent des défis pour savoir qui sortira le premier de leur course. Et les femmes chanteront :

> *Sœurs !*
> *Chantez les hommes glorieux*
> *Qui viennent à notre rencontre*
> *Comme des javelots brillants.*

L'Homme Bleu se pencha en avant comme pour une confidence.

— Un homme, quand les femmes l'aiment, dit-il, il n'a plus besoin de grand-chose au paradis.

Le violon et les voix se sont tus.

Les hommes sont sortis l'un après l'autre de la tente de l'*Ahâl*, et certains ont suivi des femmes jusqu'à leurs tentes.

L'Homme Bleu écouta le silence un long moment.

— Nos femmes sont belles, dit-il. Les vôtres vont presque nues, aux yeux de tous. Comment les habiller de vos rêves, puisque vous n'ignorez rien d'elles avant même de leur avoir parlé ? Et peut-on aimer une femme si on ne l'imagine pas, si l'on sait tout de son corps, mais rien de son âme ?

L'Homme Bleu s'interrompit, la tête tournée vers la tente où s'était tenu l'*Ahâl*.

— Un homme et une femme sont ensemble, murmura-t-il. C'est ainsi dans chaque espèce vivante. Mais es-tu sûr que vous vouliez encore respecter cette loi du monde ? Vous vous croyez si grands, si libres, que vous voulez que la femme soit un homme et que les hommes, s'ils le veulent, choisissent d'être femmes !

Il dessina dans le sable quelques lignes, une tente.

— Chacun, dans sa tente, est libre d'agir comme il veut et le sent. Mais es-tu sûr qu'un peuple puisse se donner des lois qui oublient qu'une femme est une femme, et un homme, un homme ? Peut-être, quand un jour les montagnes de l'Aïr seront transformées en grains de sable, la nature aura-t-elle changé de loi, mais tant qu'il y aura des cimes qui sont comme les gardiennes du désert, il y aura toujours une femme à l'origine des choses.

L'Homme Bleu plaça ses deux mains au-dessus de la flamme.

— Toi et les tiens, vous voulez nier cela, même si vous prétendez que vous êtes les libérateurs de la femme, que vous voulez en faire l'égale de l'homme. Mais c'est la femme qui est la flamme de la vie, dit-il.

Il se leva et commença à marcher autour du foyer.

— Je sais bien, reprit-il, toi et les tiens regardez nos femmes comme si elles étaient encore des esclaves. Je t'ai vu observer avec mépris et tristesse leur visage peint et leurs boucles lourdes qui tirent sur les lobes de leurs oreilles. Tu ne sais pas que chaque trait bleu, rouge ou blanc sur les joues ou le front est comme une écriture qui parle, que les bijoux, les boucles et les colliers, ou bien les perles dans les cheveux, sont plus que des parures, mais des signes. Chaque chose doit avoir un sens.

Quel est celui que vous donnez à la vie des femmes ? Vous nous jugez avec sévérité. Mais nous avons depuis longtemps rejeté l'idée qu'un homme pourrait avoir plusieurs femmes. Et celui qui ne désire plus la sienne quitte la tente et reste seul, son épouse gardant les biens qui sont à elle. Vous n'avez donc pas de leçons à nous donner quant à la place des femmes parmi nous. Mais les vôtres, comment vivent-elles ?

L'Homme Bleu s'était immobilisé, puis il s'était assis près du foyer, un doigt accusateur tendu vers celui qui l'écoutait.

— Elles vont jambes nues, et souvent elles montrent leurs seins. Elles sont offertes. Que sont-elles d'autre que la chair du désir que vous soupesez du regard ? Vous ignorez leurs yeux. Comment pourriez-vous juger de leur âme ? Est-ce ainsi que vous les respectez ? Est-ce ainsi que vous en faites vos égales, comme vous le prétendez ?

« Nous, que vous jugez comme les hommes-vestiges d'un monde condamné, presque totalement disparu, nous les écoutons jouer du violon, nous lisons les signes sur leur visage, comme nous lirions des inscriptions gravées dans la pierre ou un livre écrit aux origines.

L'Homme Bleu se leva à nouveau, et d'une voix forte, avec de la fierté dans le ton et dans l'attitude, il dit :

— Et sache que nos femmes ne sont pas comme les vôtres, elles n'acceptent pas le partage. L'homme qui les trompe s'en va dormir hors de la tente. Il n'a qu'un paravent sans toit. Il a froid. Es-tu sûr que les femmes de votre monde, dont vous proclamez qu'elles ont autant de droits que les hommes, disposent de ce pouvoir ?

Il se pencha.

— Si tu retires à la femme le sens de sa vie, qui est d'être à l'origine des choses, d'être la source de vie, si tu ne fais pas de cela son titre de gloire et le fondement de sa puissance, que lui laisses-tu ? Elle est le plaisir de l'homme ou bien elle joue à être l'homme, et elle ne sera jamais que son masque.

Il fit quelques pas.

— Toi et les tiens, vous êtes habiles. Vous parlez de la liberté et de l'égalité, mais c'est pour mieux tromper les femmes en obtenant d'elles leur consentement à la soumission, en leur faisant croire qu'elles sont vos égales alors que vous les privez de leur rôle et de leur force. Laisser chacun être ce qu'il est, c'est le respecter. Faire croire qu'être libre, c'est devenir autre que soi, c'est tromper.

L'Homme Bleu s'assit encore, croisa ses doigts, la tête baissée, montrant pour la première fois de l'hésitation.

Puis il redressa le visage à plusieurs reprises afin de regarder son interlocuteur, assis de l'autre côté du foyer.

— Tu es mon hôte, commença-t-il enfin. Je te dois protection et considération. Mais tu es venu pour écouter ma parole, et je te dois donc la vérité.

Il plaça dans le feu quelques branchages secs, et les flammes bondirent dans un crépitement d'étincelles qui s'élançaient vers le ciel, comme pour rejoindre les étoiles.

— Ce sont les femmes chez nous qui sont chargées de ramasser le bois et tout ce qui permet aux flammes de naître, dit-il. Ce sont elles qui remplissent les outres d'eau, elles qui préparent le mil et qui, sur les marchés, vendent ce qu'elles ont pu cueillir ou les fromages qu'elles ont fabriqués. Diras-tu que ces femmes, parmi nous, sont traitées comme des esclaves ? Elles sont les maîtresses de la tente familiale, et je te l'ai dit, malheur à l'homme qui les trompe ! Es-tu sûr que vos femmes soient plus respectées que les nôtres, plus honorées ?

Il remit des brindilles sèches dans le feu, comme s'il avait voulu que l'on voie son visage éclairé par le foyer.

— Je te dois la vérité, répéta-t-il en détachant chaque mot. J'ai voulu connaître votre monde. J'ai marché dans les rues de vos villes. J'ai observé ceux des tiens qui sont venus parcourir le désert. J'ai écouté leurs propos. Sais-tu ce que j'ai conclu ? Que votre monde était celui du mensonge.

L'Homme Bleu leva la main, comme pour empêcher qu'on lui réponde aussitôt.

— Ne te sens pas coupable, toi qui es mon hôte, dit-il. Je ne t'accuse pas d'être un homme de tromperie et de mensonge. Tu écoutes ma parole en silence. Tu la mets dans ta boîte noire. Je te vois écrire sur tes petits carnets, et je lis dans tes yeux l'étonnement, mais aussi la franchise. Mais souviens-toi de ceci.

L'Homme Bleu prit une poignée de sable qu'il laissa s'écouler entre ses doigts, ne conservant entre le pouce et l'index qu'un seul grain. Il le fit crisser au bout de ses ongles, puis le laissa tomber sur les flammes.

— Que peut un grain de sable ? Rien. Il ressemble à un homme seul. Peu importe ce qu'il est, homme de mensonge ou de vérité. Il ne pèse que son poids. Il est tout et il n'est rien.

Il saisit une nouvelle poignée de sable, et plaça sa main au-dessus du foyer.

— Sais-tu ce que feront tous ces grains rassemblés ? Ils éteindront la flamme, et si je les lance avec force contre ton visage, ils te blesseront. Il en est ainsi des hommes, il en est ainsi de toi. Je n'entends pas le murmure du mensonge sur tes lèvres... Tu veux la vérité. Mais lorsque tu n'es plus ce grain isolé, et que tu es avec les tiens, alors cette poignée de sable devient le monde de la tromperie.

L'Homme Bleu fit couler un long jet de la théière.

— Regarde couler le thé, dit-il. Il n'y a pas une feuille, ou un simple brin, qui vienne troubler le thé dans le verre. Et il doit en être de même pour chaque chose, la vérité exige la clarté. Sais-tu ce que dit l'un de nos poètes ? “ Qu'on ne mêle pas ensemble le lait et l'eau. ” Et il ajoute : “ Le fer avec le fer, le bois avec le bois. ” Et l'un de nos sages dit : “ La femme noble mariée à un forgeron, c'est l'eau sur le feu. ”

L'Homme Bleu but lentement, les deux mains serrées sur le verre.

— Dans ma parole, je sais ce que tu n'aimes pas. Tu détestes cette loi qui fut celle de notre peuple depuis qu'il existe et qui veut que chacun reste à sa place.

Il plaça dans son verre vide son poignard de bras qu'il venait de retirer de son fourreau.

— Voilà ce que tu souhaites, qu'on marie ensemble ce que rien ne rapproche. Et tu appelles cela l'égalité. Tu es venu ici, tu as conquis ce pays, et tu as dit dans les écoles que tu as ouvertes : vous et nous sommes égaux. Et maintenant, tu vois arriver dans tes villes les hommes noirs des terres humides et des pays des grands fleuves, et les hommes maigres des contrées qui bordent le désert. Et tu dis : ils sont égaux, ils sont nos frères.

Il replaça le poignard dans son fourreau, puis il se leva.

L'Homme Bleu marcha longtemps dans le campement avant de se placer debout devant son hôte.

— Comment peux-tu accepter de telles tromperies ? Un jour, je te l'ai déjà dit, peut-être tous les hommes seront-ils comme des frères, et donc issus du même ventre. Et ce jour-là, il n'y aura plus de place assignée à l'un ou à l'autre. Mais aujourd'hui, si tu dis que cela existe, tu ne dis pas la vérité, et c'est pour cela que je répète que ton monde est celui du mensonge. Ici, nous que tu vois comme un peuple primitif, qui exploite ses femmes, sommes un peuple clair, où chacun sait qui il est, quelle est sa place, et quel est le sens de sa vie.

Avec ses deux mains enfoncées dans le sable, l'Homme Bleu construisit une série de petites dunes.

— Un jour, dit-il, sur l'un des versants de l'Aïr, entre les dunes claires de l'Arakao, allait une caravane. Derrière le premier chameau cheminait l'âne que montait Mariama.

« C'était une jeune fille d'une grande beauté, que plusieurs jeunes gens entouraient à chaque halte. Mais elle ne se laissait pas distraire. Elle accomplissait les tâches des femmes. Elle partait à la recherche de l'eau. Elle attachait le chameau à la corde au bout de laquelle se trouvait une épuisette qu'elle jetait au fond du puits. Elle faisait ensuite, la corde glissant sur l'une des fourches de bois placées au bord du puits, avancer le chameau qui remontait ainsi l'eau claire. Elle dressait les tentes avec les autres femmes. Elle ramassait les graines sauvages et les fruits qu'elle pouvait trouver sur les pentes de l'Aïr. Rentrée au campement, elle s'occupait des enfants de sa famille, elle pilait le mil, le versait avec le lait dans un grand plat, puis, le repas terminé, elle balayait la tente et ses abords.

L'Homme Bleu, avec un doigt, dessina sur le sable une piste entre les dunes qu'il avait élevées.

— Après plusieurs jours de marche, reprit-il, la caravane de Mariama atteignit l'oasis de Timia. Il y avait là des marchands et un homme de chez toi, accompagné de sa femme qui connaissait notre langue, car elle avait étudié longtemps les peuples des bords du fleuve, des éleveurs qui souvent s'en vont avec leurs troupeaux jusqu'aux lisières du désert.

« Ce couple de ton pays observa la jeune fille. L'homme la trouva belle, avec ses grands yeux si blancs dans son visage brun, et la femme vit qu'elle était travailleuse, sobre et respectueuse.

« Ils la plaignirent. Pourquoi était-elle vouée aux tâches serviles ? demandèrent-ils. Elle ne connaîtrait jamais le monde de l'avenir dans lequel eux vivaient déjà. N'était-ce pas injustice que de la laisser là, parmi les siens mais vouée à vivre comme les Hommes d'Hier sous la tente, dans le désert, avec pour tout destin de répéter jusqu'à sa mort les mêmes gestes dans les mêmes paysages ? L'homme et la femme de ton pays se regardèrent dans le miroir de leurs bonnes intentions et ils s'aimèrent d'être généreux au point de vouloir arracher la jeune fille, si belle, si douce, si laborieuse, à des jours qu'ils jugèrent sans joie.

« Alors, ils l'interrogèrent, et s'enchantèrent de son nom, Mariama.

« Ils étalèrent devant elle les bienfaits et les plaisirs de cette vie de leur monde, où la chaleur et l'eau claire étaient données sans effort. Ils promirent de faire d'elle une femme d'aujourd'hui, leur égale. Ils lui apprendraient la langue de ton pays. Elle logerait chez eux. Toutes les portes des maisons qu'ils connaissaient s'ouvriraient devant elle. Ils lui montrèrent ce point argenté qui traversait le ciel au-dessus de l'oasis. Cet oiseau de métal, cet avion, si elle le voulait, l'emporterait loin de l'Aïr.

L'Homme Bleu, du tranchant de sa main, fit disparaître les dunes et la piste qui se trouvaient devant lui.

— Mariama, dit-il, n'avait jamais entendu de telles paroles. Elle n'avait jamais bu cet alcool. Elle écouta chaque mot que l'homme et la femme de ton pays lui murmuraient comme s'il s'était agi d'une boisson qui enivre. Au fur et à mesure qu'ils parlèrent, elle eut de plus en plus soif. Elle pensa à sa famille. Elle dit qu'elle voulait rapporter aux siens ce qu'on lui proposait, et obtenir de sa mère et de son père le droit de partir.

L'Homme Bleu traça sur le sable des lignes verticales, puis horizontales, qui dessinaient ce qui ressemblait aux barreaux d'une prison.

— L'homme et la femme de ton pays lui conseillèrent à voix basse de décider seule de sa vie. C'était le premier pas qu'elle devait faire vers ce monde d'avenir, où chacun était libre et égal à l'autre, lui dirent-ils. Les parents, les frères, les hommes de la caravane, que pourraient-ils lui conseiller ? Ils seraient jaloux, penseraient à leurs intérêts. Ce n'était pas Mariama qui allait leur manquer, mais celle qui accomplissait des tâches dont ils s'étaient déchargés sur elle, si belle, si dévouée. Elle ne devait pas se laisser conduire par le licol comme un petit animal docile. Le monde de l'avenir était celui des hommes et des femmes libres. Il lui offrait la liberté !

L'Homme Bleu oscilla d'avant en arrière.

— Mariama hésita, dit-il. Mais l'homme et la femme de ton pays ne lui laissèrent pas le temps d'échapper à son ivresse. Ils lui versèrent quelques mots de plus. Il fallait partir la nuit même. Ils la prirent par la main. Ils l'entraînèrent. Ils lui chuchotèrent que la liberté était au bout de sa fuite, comme un lac d'eau verte et fraîche entre les blocs brûlants de l'Aïr.

L'Homme Bleu traça de nouvelles lignes droites qui rendirent encore plus serré ce quadrillage dessiné sur le sable.

— Mariama partit, dit-il, vers ton pays, celui des temps d'aujourd'hui et de demain, si l'on en croit ce que vous dites.

Il se leva, marchant d'un pas rapide autour du foyer, et les mots se pressèrent dans sa bouche.

— Elle ne vit que le gris, dit-il. Elle eut froid. Elle ne dormit plus avec les étoiles au-dessus d'elle. Elle ne marcha plus avec l'espoir du puits au bout de la piste. Elle ne laissa plus perdre son regard sur ces dunes jaunes du Ténéré qui se succédaient comme la houle. Elle n'entra plus certains soirs dans la tente de l'*Ahâl* pour écouter le violon et les voix des hommes. Elle ne pouvait plus inscrire sur son visage les signes de la joie et de l'attente. Elle ne se pressa plus contre les épaules de ses sœurs pour chanter avec elles, entourant celle qui battait le tambour du plat de sa main. Elle ne se coucha plus près des siens, sur des tapis aux couleurs chatoyantes. Elle ne sentit plus sur elle les regards des jeunes gens qui rêvaient aux épousailles.

L'Homme Bleu s'accroupit devant son hôte.

— Sais-tu ce qu'on fit d'elle ? reprit-il rageusement, la main sur la garde de son poignard. Une esclave ! Non pas traitée comme l'un de ces serviteurs qui vivaient avec nous, mais comme une chienne méprisée. Elle eut pour dormir une petite pièce avec une fenêtre donnant dans un puits sombre. On lui donna pour repas ce que ses maîtres, si généreux dans l'oasis de Timia, laissaient dans leurs plats. Quand elle voulut sortir, on le lui refusa. Qu'aurait-elle pu faire, dehors, seule entre les murailles noirâtres, ces immeubles fermés, au milieu de cette foule pressée où on lui lançait de brefs regards de dédain ?

L'Homme Bleu zébra le sable de lignes croisées.

— Elle sortit vite de son ivresse. Elle ne cueillait plus les fruits sauvages, elle ne pilait plus le mil, elle ne remplissait plus les outres au puits, et l'eau coulait en abondance sur ses mains, mais elle lavait les plats de ses maîtres. Les premiers mois, ceux-ci, parfois, la conduisaient à la fin d'une semaine dans l'une des forêts qui entourent vos cités, ou au bord des fleuves, ou sur les plages voisines. Ils voulaient lui faire dire que c'étaient là des paysages plus beaux, plus doux que ceux du désert ou de l'Aïr. Elle devait être reconnaissante à ses maîtres de vivre dans le pays de la liberté.

L'Homme Bleu recommença à marcher, mais plus lentement.

— Je ne te montrerai pas Mariama, dit-il. Elle

est revenue parmi les siens. Elle a retrouvé les tâches que l'homme et la femme de ton pays appelaient serviles. Ce soir, elle était sous la tente de l'*Ahâl*, avec la joueuse de violon. Elle n'a pas encore choisi parmi les jeunes gens qui ne la quittent pas des yeux. Mais elle coud déjà les peaux de la tente sous laquelle elle s'installera avec celui qui deviendra son époux. Elle sait maintenant qu'on ne peut pas quitter les siens sans devenir esclave et sans perdre l'âme des choses. Elle sait qu'il n'est pas pire malheur que l'exil. La liberté et l'égalité que les gens de ton pays offrent ne sont souvent que mensonges. Et la femme est soumise à un joug plus dur que celui qu'elle connaît parmi les siens, dont les gens de ton pays disent pourtant qu'ils oppriment les femmes. Elle sait que mieux vaut rester dans son désert qu'aller vers des pays étrangers, même si chaque mètre de terre est irrigué et s'il n'est pas besoin d'atteler un chameau ou un bœuf pour qu'il tire l'épuisette du puits.

L'Homme Bleu effaça du bord de son pied toutes les lignes qu'il avait tracées sur le sable.

— Quel est le meilleur sort d'une femme ? demanda-t-il. Faut-il qu'elle se montre nue pour attirer les regards et susciter le désir, ou bien vaut-il mieux qu'elle chante avec les autres jeunes filles, accompagnée par la joueuse de violon ? Vaut-il mieux qu'elle soit le singe de l'homme ou bien qu'elle apprenne les caractères de l'écriture de son peuple à ses enfants, et qu'elle leur transmette la tradition, et leur montre, le jour, les plantes, et la nuit les étoiles, en leur apprenant leur nom, leur rôle, les unes nourrissant les hommes et les autres les guidant ?

L'Homme Bleu prit place en face de son hôte. Il avait des gestes lents et apaisés.

— Tu diras que dans un temps futur l'égalité sera la loi de tous les mondes. Mais jusque-là, la promettre est mensonge, et faire payer cette illusion par l'abandon des traditions est tromperie. Combien de Mariama sont arrivées ivres d'espoir dans ton pays, et se sont réveillées ayant perdu leur âme, et sans rien posséder d'autre !

L'Homme Bleu fouilla dans les pans de sa tunique et en retira deux petits sacs de cuir ouvragés, qu'il posa côte à côte sur le sable.

— Au temps des Hommes d'Hier, dit-il, deux femmes sont venues de loin.

Il se tourna, le bras tendu, montrant le nord.

— Elles marchèrent dans l'Ahaggar vers la palmeraie de Silet. Elles étaient seules, mais elles portaient en elles la vie. Elles étaient les sources qui allaient donner naissance à une partie de nos peuples. De la première, qui était noble, naquit une fille, et de la seconde, qui lui était attachée comme vassale ou servante, deux filles virent le jour. Et de fille en fille, naquirent les hommes.

L'Homme Bleu se leva.

— Toi et les tiens, vous prétendez honorer les femmes en les faisant vos égales en tout, mais vous avez oublié qu'à l'origine des êtres il y a toujours une femme. Dans la femme, respectons le début du monde, la mère-origine.

L'Homme Bleu se dirigea vers sa tente.

— Que ce soit là, par cette pensée du commencement, la fin de la quatrième nuit.

La cinquième nuit

La couleur du ciel, en quelques minutes, semblait s'être épaissie.

— La nuit est là, dit l'Homme Bleu. Elle va tout effacer.

Il tendit le bras dans la direction de la palmeraie. Les arbres se pressaient au bord de l'oued. Devant les palmiers s'étendaient les jardins irrigués, et les champs de mil et de blé.

— Bientôt, on ne pourra plus distinguer l'oasis de Timia et les pierres de l'Aïr, dit-il.

Il leva le bras plus haut, au-dessus des palmiers.

— Ce rocher humain, reprit-il.

Il s'interrompit.

— Ce fort qu'ont fait les hommes de ton pays, je l'appelle le rocher humain. Les vieux m'ont raconté l'arrivée dans l'oasis des soldats, le travail qu'ils ont accompli pour bâtir le fort qui est la sentinelle de la vallée.

L'Homme Bleu parla encore quelques instants, le bras toujours tendu, évoquant les patrouilles qui partaient du fort pour surveiller le désert, les camions, les canons, puis les affrontements.

— Pourquoi vos pays qui se ressemblent, qui honorent le même Dieu, se sont-ils fait si souvent la guerre ? demanda-t-il. Pourquoi ont-ils enrôlé dans leurs armées des hommes d'ici ? Ce fort...

Ce fut le dernier mot que l'Homme Bleu prononça dans la lumière du jour.

La nuit venait de jeter son voile sur les pierres de l'Aïr, les jardins et les palmiers de l'oasis de Timia. Et tout à coup n'existaient plus que les points scintillants dans le ciel, et les feux qui devant chaque tente commençaient de flamboyer.

— Il faut que tu me répondes, reprit l'Homme Bleu.

Il s'assit.

— Vous êtes venus ici, continua-t-il, comme des peuples conquérants. Vous avez écrasé nos révoltes.

Il montra les étoiles.

— Elles sont restées dans nos mémoires. Nous savons encore que l'une eut lieu — il décrivit le ciel — alors que les étoiles brillaient plus intensément que jamais.

L'Homme Bleu éleva la voix.

— Vous avez dit de nous que nous étions menteurs comme le serpent. Vous avez convié les rapaces et les chacals au festin de nos corps. Les envoyés de ton pays nous avaient dit — les vieux hommes me l'ont rapporté, assis comme tu l'es ce soir, autour du feu : “ Nous apportons la paix, nous respectons vos peuples, nous sommes justes. ” Et sais-tu ce que l'un de vos chefs a fait ?

L'Homme Bleu traça dans le sable une sorte de cercle écrasé.

— Le chef de ton pays rassembla les survivants de la révolte dans un enclos...

L'Homme Bleu s'interrompit, murmura :

— C'étaient parmi les plus valeureux, de jeunes hommes nobles.

« Ils se pressaient les uns contre les autres dans cet enclos, reprit-il. Puis le chef de tes soldats abaissa son épée, et les survivants de mon peuple tombèrent dans le fracas du tonnerre, le sang jaillissant de leur poitrine. Leurs têtes éclatèrent. Ce massacre se fit sans qu'un seul homme des tiens entrât dans l'enclos pour combattre. En ce temps ancien, vous étiez les seuls à posséder des fusils, des mitrailleuses et des canons.

L'Homme Bleu effaça l'enclos du bout des doigts.

— Comment veux-tu, dit-il, que nous ayons gardé pour ton pays l'estime et la confiance qu'il exigeait ? Que pouvions-nous apprendre des tiens quand ils se comportaient ainsi, comme des égorgeurs ? Nous aussi, nous avons tué. Mais vous avez été les plus puissants Seigneurs du Mal.

L'Homme Bleu se leva, fit le tour du foyer, puis vint s'asseoir près de son interlocuteur.

— Seul l'homme qui n'a jamais volé ou trompé sa femme peut enseigner aux autres hommes la probité et la fidélité. Seul l'homme qui ne fait pas la guerre peut prêcher la paix, dit-il.

Il croisa ses mains.

— Comment pouvions-nous croire dans les paroles des tiens ? Je me souviens de ce que m'ont appris Ader et Boukar. C'étaient deux jeunes hommes de notre peuple, qui ne portaient pas le voile de front et de bouche. Ils tressaient encore leurs cheveux. Ils n'avaient pas pris part aux révoltes contre les soldats de ton pays. Après que nous eûmes été vaincus, un officier montra aux jeunes hommes de beaux vêtements et des fusils. Il leur parla longuement. Et Ader et Boukar furent aussi naïfs que Mariama, la jeune fille. Ils posèrent leurs doigts sur de grandes feuilles de papier. Et ils laissèrent l'empreinte de leurs pouces. Ils devinrent ainsi soldats de ton pays. Et ils partirent chez toi.

L'Homme Bleu posa sa main à plat sur la fente entre les tissus du voile de front et de bouche. On ne vit plus ses yeux.

— Ader, dit-il, revint de ton pays avec les yeux morts. Mais avant de perdre son regard chez toi, il avait vu ce que vous étiez capables de faire à ceux qui étaient vos frères et dont rien ne semblait, pour Ader, vous séparer. Boukar, lui, avait laissé dans les champs de ton pays un bras, si bien qu'il eut, rentré parmi les siens, les plus grandes peines à conduire son chameau. Boukar, heureusement, était habile et il put reprendre sa place dans la caravane. Le soir, lui et Ader parlaient.

L'Homme Bleu creusa deux profondes lignes dans le sable.

— Boukar et Ader, reprit-il, avaient vu les tranchées que vos soldats creusaient dans la terre. Ils avaient vu les corps déchiquetés, les soldats qui s'éventraient. Et ceux qui, comme les hommes nobles dans l'enclos, étaient fauchés par les mitrailleuses.

L'Homme Bleu laissa le silence se répandre longuement. Puis il croisa les bras et murmura :

— Boukar et Ader l'ont dit, et d'autres après eux qui combattirent plus tard dans vos autres guerres, et ceux qui ont aidé les soldats de ton pays à construire le fort, au-dessus de la palmeraie.

L'Homme Bleu se tourna, montrant d'un mouvement de la tête le rocher où était construit le fort et que la nuit dissimulait.

— Eux aussi l'ont dit, reprit-il. Vous êtes des combattants impitoyables, courageux mais cruels. Ader répétait : “ Je n'ai jamais vu autant de cruauté dans les guerres que se livrent entre elles nos tribus que dans les batailles de ceux qui se disent nos maîtres et nos guides. ”

L'Homme Bleu fit un pas vers son hôte, puis il dit :

— Alors, je te le demande, toi et les tiens qui avez voulu nous soumettre, nous enseigner, vous qui avez prétendu être plus sages, plus pacifiques que nous, qu'est-ce qui vous donne le droit de dire que votre monde est supérieur au nôtre ? Vous tuez plus que nous ne l'avons jamais fait. Et vous avez massacré des peuples entiers, parce qu'ils ne croyaient pas au même dieu que vous !

L'Homme Bleu avait parlé avec tant d'indignation qu'il avait semblé que, sous le tissu de sa tunique, son corps tremblait.

Il se calma, s'assit, gardant les bras toujours croisés.

— Vous continuez, reprit-il. Vous jugez les autres peuples. Vous décidez de ce qui est le Bien et le Mal. Vous parlez ici comme des hommes de paix, et là comme des hommes de guerre, mais c'est toujours votre intérêt que vous défendez.

Il avait prononcé ces mots sur un ton las.

— Mais vous avez fait bien davantage, hélas ! Vous avez voulu nous contraindre à cesser d'être nous-mêmes, comme si votre victoire ne pouvait être complète qu'à la condition que nous devenions vos admirateurs et vos imitateurs. Vous ne vouliez pas seulement des vaincus, mais des flatteurs et des serviteurs qui soient aussi des disciples.

Peu à peu, la voix de l'Homme Bleu se durcissait.

— Et vous avez voulu plus encore, reprit-il. Vous avez creusé dans notre sol pour en extraire ce dont vous aviez besoin. Vous avez parcouru le désert en tout sens, et vous l'avez sali. Le silence est maintenant brisé par la rumeur de vos moteurs.

Et vous avez attiré les plus faibles d'entre nous, comme Mariama, comme les insectes le sont par la lumière, et vous avez pris les yeux et le bras, la vie des plus jeunes, comme Ader et Boukar.

L'Homme Bleu se tut, hocha la tête.

— Vous avez oublié que la paix ne peut exister que si chacun reste lui-même, et vit selon sa tradition. Vous avez voulu, et vous voulez toujours, plier le monde à vos lois. Pas seulement les peuples, mais aussi leurs terres, leurs fleuves et leurs cieux.

L'Homme Bleu ouvrit les bras, parut vouloir emprisonner la nuit et le ciel.

— T'es-tu demandé, ajouta-t-il, pourquoi toi et les tiens faites tout cela ? S'il n'y a pas un but noble à l'action, comment les actes que vous accomplissez peuvent-ils être nobles ? L'homme d'ici, quand il monte un chameau, le conduit jusqu'à un puits ou une oasis. Si l'homme frappe le chameau, ne se soucie pas de ses sabots, alors l'homme n'atteindra jamais la palmeraie. Si l'homme ne sait pas où il veut aller, le chameau peut le guider un temps, mais, quand il aura atteint le point d'eau, il ne voudra plus repartir.

L'Homme Bleu se toucha le front.

— Rien n'est possible sans la pensée et sans la volonté de l'homme. Mais quand je vous observe, toi et les tiens, je me demande : quelle est votre pensée ? Où voulez-vous aller ? Vers quel puits ? Quelle oasis ? Etes-vous encore capables de vous interroger sur le sens de la course ou bien vous laissez-vous conduire sans savoir où vous vous dirigez ?

L'Homme Bleu se pencha en avant, ses avant-bras posés sur ses jambes croisées, les doigts joints.

Il resta ainsi longtemps sans parler, fixant dans la nuit son interlocuteur qui lui faisait face. Ses yeux, éclairés par les flammes du foyer, brillaient comme deux points dans la nuit.

— Un jour, ici — l'Homme Bleu leva un peu son bras gauche pour montrer la palmeraie qu'on devinait à la nuit plus dense et qui enveloppait les arbres —, un jour, nous avons organisé l'une de nos fêtes. Les femmes jouaient du violon et chantaient. Les hommes dansaient. Puis nous avons lancé nos chameaux pour un carrousel, les faisant tournoyer autour des femmes. Et avant la fin du jour, nous nous sommes élancés vers le désert dans une longue course. Quand nous sommes arrivés au bout de notre élan, nous avons vu l'un d'entre nous, Afar, continuer sur son chameau de selle qui courait de plus en plus vite. Nous avons été surpris, puis nous avons crié de toutes nos forces : " Afar, Afar ! " Nous nous sommes lancés à sa poursuite, mais nous ne l'avons rejoint qu'après que la nuit fut tombée. Le chameau s'était arrêté de lui-même. Afar n'avait pas quitté sa selle, la tête posée sur l'encolure de sa monture. Quand nous nous sommes approchés et que nous l'avons appelé, il n'a pas bougé. Nous avons compris que la vie l'avait quitté, et que c'était un mort que nous avions poursuivi dans le désert.

L'Homme Bleu se redressa.

— Vous allez vite, comme le chameau d'Afar, murmura-t-il. Mais ce n'est pas parce que le chameau vous emporte, et que vous menez la course, que vous êtes encore vivants !

L'Homme Bleu se leva, commença à marcher comme il le faisait presque chaque nuit, à la conclusion d'un de ses propos.

— Souviens-toi d'Afar, dit-il. Le mort qui semblait mener la course.

Il revint vers le foyer, plaça ses mains au-dessus de la flamme.

Cette cinquième nuit était très froide. Il semblait qu'une couche de glace noire avait recouvert le ciel, percé par les innombrables étoiles, mais aucune chaleur ne tombait de leur lumière. Au contraire, elles paraissaient être des gouttes gelées suspendues à la plaque froide du ciel.

— Demande-toi toujours, reprit l'Homme Bleu, pourquoi tu marches et vers quoi.

L'Homme Bleu frotta ses mains dont la peau était si sèche, si froissée, qu'elle semblait devoir se déchirer.

— Tu te souviens d'Ader et Boukar, ces deux jeunes hommes qui sont allés combattre dans ton pays, qui dans la terre creusée de tranchées et de cratères ont piétiné la boue imprégnée de sang. Lorsqu'ils sont revenus ici, l'un avec son regard perdu, l'autre sans le bras qui lui aurait permis de tenir les rênes, ils nous ont montré ce qu'on leur avait donné en échange. Les yeux d'Ader et la main de Boukar valaient pour les gens de ton pays une liasse de billets sur lesquels figurait, quand on les plaçait devant la lumière du soleil, le profil d'une femme. Et Boukar agitait ses billets devant nous, en disant qu'il pouvait avec eux acheter un fusil, un chameau. Ader a ajouté qu'il voulait une femme pour le guider.

L'Homme Bleu continuait à frotter ses mains.

— Plus tard, au marché, sur les bords du fleuve Niger, avec ces billets, Ader et Boukar ont seulement pu acheter un sac de mil. Plus personne ne voulait de la femme dont on distinguait le visage sur le papier.

L'Homme Bleu ouvrit les mains, les avançant vers son hôte.

— Un sac de mil pour deux yeux et un bras, tel a été le marché conclu entre nos deux jeunes hommes et les gens de ton pays.

Il leva les mains.

— Je sais bien, dit-il, que ce ne sont pas là les termes du marché. Qu'on les a enrôlés en leur parlant de gloire et de courage, et que les paroles qui les ont attirés avaient la douceur du miel. Mais à la fin, que leur a-t-on donné ? Des billets dont la valeur était comme le beurre abandonné sur la dune au milieu du désert du Ténéré. Et même si la femme au billet avait continué à être désirée par les marchands, crois-tu que deux yeux et une main pouvaient être payés ainsi ?

L'Homme Bleu serra les deux poings, et parut tout à coup menaçant.

— Interroge-toi. N'est-ce pas le sens pour vous de la course que de pouvoir accumuler cet argent avec lequel on a payé Ader et Boukar ? J'ai entendu bien des récits sur la manière dont vous vivez. J'ai vu, je te l'ai dit, vos villes. Je vous ai écoutés, toi et les tiens. Vous ne vivez pas pour Dieu, vous ne vivez pas pour votre peuple, vous vivez pour vous et votre petite tente familiale, et vous voulez de l'argent. Toute chose se mesure chez vous en billets !

L'Homme Bleu sortit son poignard de bras, le plaça devant lui.

— Chez nous, le forgeron, quand il martèle la lame de ce poignard, ne le fait pas pour une poignée de billets ou de pièces. Quand il cisèle un bijou — l'Homme Bleu sortit de sous les tissus qui enveloppaient sa poitrine un talisman d'argent —, il veut la joie que donne la beauté de l'objet, il travaille pour le plaisir de ses yeux et de ses mains, et il est d'abord payé par la perfection de son œuvre.

L'Homme Bleu prit le poignard, le plaça à la hauteur de son visage.

— Veux-tu savoir combien de fois des hommes

de ton pays ont voulu m'acheter ce poignard et ce talisman ? Il y a moins de palmiers dans la plus grande palmeraie du désert, moins de chameaux dans la plus longue caravane, que d'hommes — tes frères — qui m'ont montré des billets pour obtenir mon arme et mon talisman. J'ai lu dans leurs yeux la surprise parce que je détournais la tête. Ils répétaient leur offre. Ils étaient persuadés que je n'avais pas compris leur proposition. Ils sortaient de leurs poches de nouveaux billets. Ils les ajoutaient à la liasse. Ils l'effeuillaient devant moi. Ils étaient sûrs d'eux-mêmes, de leur générosité, et aucun d'eux ne paraissait gêné d'échanger des objets qui étaient chargés d'âme contre ces morceaux de papier passés par mille mains, qui n'appartenaient à quelqu'un que le temps de les poser sur une table, et quelqu'un d'autre s'en emparait alors.

Il serra la garde du poignard.

— Ce poignard est un ami. Il me protège. Le forgeron qui a battu le fer savait que cette arme m'était destinée. Il l'a donc faite pour moi, en pensant à moi. Il a mis son âme dans l'âme de l'acier. Nous sommes liés tous les trois, le forgeron, le poignard et moi. Et les tiens auraient voulu que je vende cet ami, pour quelques billets !

L'Homme Bleu avait replacé le poignard contre son bras. Puis il avait fait glisser son collier talisman sous les tissus, et il avait à nouveau ouvert ses mains, les présentant à son hôte.

— Vos mains ne savent plus serrer que des billets, dit-il. Vous n'aimez plus les choses, vous êtes riches et vous avez les mains vides. Vous ne savez plus soupeser. Vous ne faites plus d'effort avec votre corps. Vous êtes, toi et les tiens, comme des hommes qui ne savent plus enlacer une femme et se contentent de regarder son image sur un écran.

Il frappa du plat de la main sur le sable.

— L'homme doit coucher avec le monde, reprit-il. Il doit faire des enfants aux femmes et créer des choses. Transformer le fer en poignard ou en bijoux. Quand on ne sait plus qu'acheter les choses, on ne les possède pas. Les dattes qu'on n'a pas détachées soi-même de leur régime ne sont plus ces fruits onctueux et moelleux qui fondent dans la bouche, mais une peau collée au noyau. Il n'est pas de plus grande impuissance que de se contenter de l'apparence des choses.

L'Homme Bleu cacha les flammes avec ses mains.

— Au lieu du palmier, vous vous contentez de

son ombre. Vous n'êtes pas maîtres du monde comme vous le croyez, mais seulement les maîtres des ombres.

Il tendit le bras vers son hôte.

— Sais-tu pourquoi toi et les tiens désirez que nous devenions pareils à vous ? Sais-tu pourquoi vous enrôlez les plus faibles d'entre nous, et pourquoi vous essayez d'acheter avec vos billets nos pensées et nos pierres, nos bijoux, nos armes, nos femmes, notre ciel et ce que contient notre sol ? Parce que vous craignez que, si nous restions possesseurs de tout cela, nous découvrions un jour que vous êtes, vous aussi, seulement des ombres. Et que tout ce que vous croyez détenir, nous puissions nous en emparer, parce que nous sommes restés les alliés de la vie, les complices des choses.

L'Homme Bleu se releva, oscilla, passant d'un pied sur l'autre.

— Et vous nous voyez rester plus facilement que vous en équilibre. Vous voudriez comprendre pourquoi.

L'Homme Bleu s'accroupit ·

— Nous sommes restés en harmonie avec le monde. Nous le connaissons. Nous nous appuyons sur lui, et il fait partie de notre âme. Les choses ne sont pas pour nous seulement une valeur d'argent, mais des êtres. L'eau est une amie discrète et timide qui se dissimule et qu'il nous faut longuement courtiser avant qu'elle se livre. Nous savons comment faire chanter le feu.

Il montra le foyer.

— Crois-tu que l'argent t'apprenne tout cela ? ajouta-t-il. Il te sépare des choses. Si tu veux les retrouver, oublie l'argent. Et n'agis pas seulement pour en posséder. Choisis la piste qui te conduit à l'âme, à cette source fraîche qui est en chaque être et en chaque chose, au lieu de t'élancer à la poursuite des ombres.

L'Homme Bleu se leva et fit le tour du campement.

Sa silhouette disparut puis reparut, passant entre les tentes, s'immobilisant parfois sur le fond plus sombre de la palmeraie ou éclairée par les courtes flammes du foyer. Il revint après un long moment et, d'un mouvement de la main, montra l'ensemble des tentes.

— Sous chaque tente, dit-il, il y a les époux et leurs enfants, mais aussi parfois les vieux de la famille. Tu peux juger cela avec seulement tes yeux, et dire que nous sommes comme des animaux, vivant corps contre corps.

La voix de l'Homme Bleu se fit sèche et violente.

— Tu peux nous regarder avec mépris, du haut de ton monde. J'accepte ton verdict. Mais dis-moi

— il fit un pas en avant —, que deviennent dans ton pays les vieilles femmes et les hommes sans force ? Qui prend soin d'eux ? Qui les nourrit quand ils ne peuvent même plus lever le bras parce que la cuillère est trop lourde ? Qui les effleure de la main pour leur montrer que leur corps peut encore être caressé ?

L'Homme Bleu secoua la tête.

— Je sais que vous placez vos vieux dans des enclos, et vous donnez de l'argent pour que l'on prenne soin d'eux. L'argent est le moyen pour vous de détourner les yeux sans remords. Les fils parquent leurs parents loin d'eux. Et vous abandonnez même les jeunes enfants à d'autres mains que celles de leurs pères et mères. Vous payez pour qu'on leur enseigne. Mais qui leur léguera l'âme de la famille et l'expérience qui permet de trouver le chemin du puits ? L'argent ne remplace pas l'attention qu'on porte à ceux dont vous êtes nés ou qui sont nés de vous.

Du bout de son pied, l'Homme Bleu souleva un peu de sable.

— L'argent, l'argent, répéta-t-il. Si c'est cela le but de ta course, tu seras comme Afar, l'homme mort sur son chameau.

L'Homme Bleu revint s'asseoir près du foyer. Les flammes s'étaient éteintes. Les braises étaient d'un rouge sombre, avec parfois des éclats plus vifs.

— Ce feu, dit-il, si tu le voulais, il brûlerait à nouveau, et il y aurait une grande brassée d'étincelles s'envolant comme de minuscules graines jaunes, semant dans le ciel la lumière.

Avec un petit morceau de bois, il remua les braises. Il s'accroupit et souffla. Des flammèches commencèrent à crépiter, perçant la cendre.

— Mais le veux-tu ? demanda l'Homme Bleu.

Il se pencha en avant.

— Veux-tu retrouver l'alliance avec le monde, et faire partie de ce grand corps vivant où les étoiles et les grains de sable et de blé, l'eau et l'animal, le jeune et le vieux, sont liés ensemble ? Ou bien continueras-tu à avancer, mort, sans but et sans âme, croyant que tu vas dominer un monde dont tu serais le maître séparé ?

L'Homme Bleu se leva.

— A toi de savoir quel avenir tu veux, murmura-t-il.

La sixième nuit

L'Homme Bleu s'allongea sur le côté gauche, le bras replié sous la joue. Les flammes éclairèrent son visage masqué par le voile de front et de bouche. Les yeux capturèrent le reflet des flammes qui parurent ainsi danser au fond des pupilles.

— Le jour où la mort me prendra, les miens disposeront mon corps ainsi, dit-il.

Il se souleva en s'appuyant de la main gauche, puis reprit la même position.

Il ferma les yeux et, durant quelques instants, il sembla même cesser de respirer, son corps aussi immobile qu'une pierre. Puis il se détendit, froissant les tissus qui l'enveloppaient, et ses yeux furent à nouveau deux étincelles dans la masse noire de la nuit.

— Ils auront fermé mes paupières, reprit-il, puis...

Il s'interrompit, les reflets des flammes disparurent de son regard, puis il reprit la parole

— La mort, c'est le froid qui saisit le corps, continua-t-il. Alors mes plus proches parents et mes amis viendront s'agenouiller autour de moi et laveront mon corps avec de l'eau très chaude, et ils rendront la vie à mon âme emprisonnée dans le froid.

L'Homme Bleu rouvrit les yeux.

— As-tu touché le corps d'un parent mort ? demanda-t-il. L'as-tu lavé ? L'as-tu caressé pour essayer d'en chasser le froid, afin que le repos du mort soit paisible ? L'as-tu cousu dans un linceul de percale neuve ?

Il se redressa.

— Tu ne peux savoir ce qu'est la chaleur de la vie si tu n'as pas posé ta main ou tes lèvres sur un corps mort, froid comme la glace.

Il s'allongea à nouveau sur le côté gauche.

— Mais osez-vous, toi et les tiens, encore regarder la mort, vous qui vous croyez les maîtres du monde et qui avez peur de perdre ce que vous possédez ? Vous ne vous approchez plus de vos morts, car celui qui sent le froid d'un homme sous ses doigts sait qu'il mourra aussi.

L'Homme Bleu, se penchant un peu, prit avec sa main droite une poignée de sable qu'il laissa couler lentement.

— Quand je serai mort, dit-il, les hommes qui m'étaient le plus proches chercheront un lieu d'où l'on peut voir de haut le désert et les rochers.

L'Homme Bleu s'assit, les jambes croisées.

— Le désert est vivant de tous les morts qui le peuplent. Je t'ai déjà montré les tombes des Hommes d'Hier. Chaque fois que tu vois des pierres dressées dans le désert, ou bien des sortes de bosses comme des dos d'hommes couchés, songe à ces Hommes qui reposent là, et si tu penses à eux avec amour, ils vivront en toi et tu seras riche du souvenir de leur vie.

Avec ses deux mains, l'Homme Bleu fit des monticules et il enfonça à leurs extrémités des cailloux plats.

— Tu m'as écouté, ajouta-t-il, peut-être sans comprendre. Je voulais te dire que la vie d'un homme ne peut être apaisée que s'il sait où son corps sera accueilli quand le vent de la vie aura cessé de l'entraîner. Comment peut-il vivre sans tourment, celui qui sait qu'aucun des siens ne viendra laver son corps avec de l'eau chaude, et qu'il sera livré à des mains inconnues ?

L'Homme Bleu montra ses mains ouvertes.

— Les mains de ces hommes et de ces femmes

qui dans ton pays soignent les malades et les vieux, puis touchent les corps morts, sont douces. Certains de ces médecins sont venus ici, dans les oasis, regarder les yeux des enfants. Ils connaissent des secrets que nous ignorons.

Il replia ses mains, serra les poings.

— Je suis allé dans vos cités, dans les grandes maisons blanches sur les façades desquelles est peinte la croix rouge. J'ai marché dans les couloirs entre les chambres des malades, puis dans les grandes pièces des mourants. J'ai mesuré le dévouement des femmes et des hommes de ton pays, qui allaient d'un lit à l'autre, leur blouse blanche ouverte sur leur corps blanc. Et j'ai vu près d'eux leurs aides à peau noire. Je sais que lorsqu'ils se penchaient les uns et les autres sur un corps souffrant, ils lui apportaient tout le soulagement qu'ils pouvaient. Mais leur tâche accomplie, ils s'éloignaient, ils quittaient les chambres, ils sortaient des maisons blanches à croix rouge, où d'autres venaient les remplacer. Je les ai vus dans d'autres pièces rire et boire, s'enlacer.

L'Homme Bleu secoua la tête.

— Je sais, le vent de la vie doit être plus fort, et il fallait bien que ces hommes et ces femmes trouvent dans le plaisir la force de poursuivre leur tâche...

Il leva ses poings fermés.

— Mais je me suis souvenu des coutumes de

mon peuple. On se soucie comme je te l'ai dit du corps du frère mort, on le porte dans le sable propre, on prie. Puis on égorge un chameau ou un mouton, et la famille du défunt distribue la viande. C'est cela notre manière de dire que les vivants doivent continuer leur route, après l'avoir jalonnée par les tombes de ceux qui sont morts. Comment cette union de la mort et de la vie, ce troc entre ce corps qu'on enfonce dans la terre et ceux qui bondissent avec la force et la souplesse de la jeunesse, serait-il possible si le mort n'est pas entouré par les siens ?

L'Homme Bleu plaça ses poings devant ses yeux durant quelques secondes.

— C'est en parcourant les couloirs des grandes maisons blanches de la maladie et de la mort que j'ai eu les pensées les plus sombres de toute ma vie.

Il fit osciller son torse d'avant en arrière.

— Ne te trompe pas. Comme tous les gens de mon peuple, j'ai toujours su que la piste un jour s'interromprait, reprit-il. Et qu'il me faudrait connaître ce qui est de l'autre côté de la terre, sous le sable et les pierres. Ce n'est donc pas la peur de la maladie et de la mort qui m'a serré la gorge, mais c'est l'effroi d'être étendu seul, soigné mais abandonné à mes rêves de mourant. J'ai imaginé ces longues journées et ces nuits encore plus longues, où aucune voix connue ne viendrait murmurer à mon oreille, où aucune peau dont je connaîtrais le grain ne se poserait sur la mienne. J'ai compris pourquoi vous donniez à vos mourants des drogues qui leur font oublier qu'ils sont encore en vie.

L'Homme Bleu secoua la tête.

— On m'a dit qu'on voulait chasser de leur corps et de leur esprit la souffrance, et qu'il fallait donc qu'on les arrache à la douleur en les enfouissant dans le sommeil.

Il fit non de la tête.

— On veut d'abord, dit-il d'une voix grave, qu'ils oublient qu'ils sont seuls et qu'ils vont quitter ce monde comme un animal qui erre loin du troupeau dans le désert. Un jour...

Il se rapprocha du foyer, sans se lever, en faisant glisser son corps sur le sable. On devinait à ce mouvement la souplesse de l'Homme Bleu qui semblait, tout en restant assis, se soulever au-dessus du sol.

— Un jour, alors que nous avancions vers cette oasis de Timia, nous vîmes un homme venir à notre rencontre. Il était monté sur un chameau et un chien suivait sa monture. Nous fûmes surpris par le balancement de cet homme qui, au lieu de se tenir droit comme doivent le faire les chameliers, se couchait parfois sur l'encolure de la bête, puis paraissait près de tomber d'un côté ou de l'autre. Nous l'entourâmes et nous reconnûmes Mohad, qui avait tant de fois parcouru avec nous le désert. Nous l'aimions car il était poète. Il avait chanté au campement, accompagné par le violon d'une femme, la beauté des jeunes filles, leurs dents écartées, blanches comme des perles, et il avait dit la douleur de l'absence quand la femme aimée s'est enfuie.

L'Homme Bleu fit un geste rapide de la main.

— Mais c'est lui qui nous avait quittés, parce que des gens de ton pays lui avaient dit qu'il devait faire entendre dans ton pays notre voix. Il n'était donc plus pour nous qu'un souvenir que nous évoquions autour du feu. Et puis brusquement, nous le retrouvions.

L'Homme Bleu fit un mouvement de ses bras de haut en bas, comme s'il soutenait une forme et l'accompagnait jusqu'à la coucher sur le sable.

— Nous l'avons aidé à descendre du chameau. Nous l'avons étendu. Nous avons dressé la tente en plein désert, sans même songer à rejoindre l'oasis. Et le vent de sable s'est levé, qui étouffait les paroles de Mohad. Mais il les répétait chaque fois que le vent faiblissait.

« Je suis venu pour ne pas mourir seul, disait-il. Je suis venu pour prendre ma place dans le désert. Je veux que les miens m'accompagnent.

« Et il nous a dit d'une voix qui réussissait à peine à se glisser dans la rumeur du vent :

Je viens prendre ma place
Entre l'oued et la dune,
Au pied du massif,
Dans l'oasis de ma mémoire.

« Nous lui avons tenu l'épaule et la main. Nous avons glissé une outre pleine sous sa nuque. Nous lui avons rappelé nos grandes courses.

« Et Mohad s'en est allé le visage serein.

« Le matin, quand le vent a cessé, nous avons trouvé son chien mort devant la tente.

L'Homme Bleu eut un geste lent, passant sa main au-dessus du sable comme s'il caressait un animal.

— Les hommes ont besoin de mourir à la manière de Mohad. Si tu laisses un homme mourir seul, tu es l'allié de sa maladie, le complice de sa vieillesse, le traître qui se détourne pour ne pas porter secours.

L'Homme Bleu se leva et fit quelques pas.

— Un homme seul ne peut trouver son chemin seul dans le désert, dit-il, et il ne peut trouver la piste d'une mort paisible, et donc d'une vie sereine, s'il n'est pas accompagné lors de son dernier voyage.

Il tourna le dos au foyer. Sa silhouette se découpa sur le grand mur noir de la nuit.

— Mohad nous a dit, reprit-il, qu'il n'aurait accepté de mourir dans la grande maison blanche à croix rouge que si les femmes voilées de la religion de ton pays étaient restées près de lui à prier leur dieu. Mais elles ont dû partir, et il était seul avec les médecins qui font comme si le corps n'avait pas d'âme.

L'Homme Bleu se retourna d'un mouvement rapide.

— Le chien de Mohad avait une âme, et les pierres plates que nous avons placées sur son corps ne sont pas seulement des blocs sans vie, leur âme est différente, elle est comme endormie, comme le sont les insectes dans le sable. Mais elle est là, et chaque chose de ce monde, je te l'ai dit, a une âme, vive, légère ou lourde, et recueillie, éveillée ou somnolente.

L'Homme Bleu revint vers le foyer, puis s'immobilisa à quelques pas de son hôte.

— Peu importe la langue dans laquelle tu pries, dit-il, Dieu le Juste, Dieu qui sait, Dieu qui voit chaque âme, entend. Si les femmes voilées de ta religion s'agenouillent devant un dieu qui n'est pas le nôtre, c'est le murmure de leur adoration et de leur supplication que j'entends. Celui qui croit en Dieu croit en l'âme des choses et en l'unité du monde. Celui-là, il est l'allié des hommes et des femmes qui souffrent, et il peut comme s'il était de leur famille les accompagner et les guider au bout de la dernière piste.

L'Homme Bleu décrivit d'un geste du bras l'espace sombre et sans limite de cette sixième nuit.

— Comment peut-on vivre sans la présence de Dieu ? murmura-t-il. Comment ne le sent-on pas autour de soi, dans la nuit et sous les pierres ?

Il leva le bras.

— Dans chaque étoile il y a sa présence, et il est en chacun de nous.

Il se pencha vers son hôte.

— Comment peux-tu concevoir le début du

début de l'origine des choses, et donc leur fin, c'est-à-dire la mort, si tu exclus Dieu du monde ? Celui qui ne croit pas en un principe unique, celui-là est seul et voit chaque chose isolée et donc malheureuse.

L'Homme Bleu montra à nouveau les étoiles.

— Un jour, dit-il, des hommes de ton pays sont venus ici, dans l'oasis de Timia. Ils sont montés jusqu'au fort, et ils m'ont demandé les jours suivants de les accompagner jusqu'aux plus hautes cimes de l'Aïr. Ils avaient avec eux les longs yeux de métal et de verre avec lesquels ils observent le ciel.

« Ils m'ont dit : Nulle part au monde le ciel n'est aussi lumineux qu'ici. On peut suivre le chemin de chaque étoile. En regardant le ciel, on lit le destin du monde comme dans un grand livre.

« Je leur ai demandé s'ils découvraient dans le ciel les traces des pas de Dieu. Ils ont ri. Je leur ai parlé du principe unique qui lie chaque chose à l'autre.

« Ils m'ont répondu : Pourquoi veux-tu que ce soit Dieu ? Chaque étoile dépend du mouvement des autres, comme dans une caravane chaque homme est associé à son chameau, et forme avec ses compagnons la caravane.

« Ils m'ont dit : Le principe unique est là.

« Ils ont ouvert devant moi des cahiers remplis de chiffres et de dessins. Ils m'ont parlé durant toute une nuit du mouvement de la terre et de la lune, et du balancement de certaines étoiles.

« J'ai écouté, j'ai retenu.

« Je peux te parler du système solaire, de l'étoile polaire et de la Grande Ourse.

« Je sais ce qu'ils m'ont dit des étoiles filantes qui tracent chaque nuit leur route.

« Ils m'ont même parlé, avec le sourire des hommes qui croient tout savoir, de ceux que, dans votre religion, on appelle les Rois mages, et qui ont traversé le désert et les continents, les yeux fixés sur une étoile. Les hommes savants de ton pays m'ont expliqué que la religion, la leur ou la nôtre, et Dieu sont nés de l'ignorance.

L'Homme Bleu traça des lignes et des cercles sur le sable, puis il écrivit quelques chiffres.

— Ils ont dit, reprit-il : Celui qui sait n'a pas besoin de Dieu.

Il effaça du plat de la main ce qu'il avait dessiné et écrit.

— Je les ai écoutés avec attention, dit l'Homme Bleu après un long silence. Et j'ai reconnu leur savoir. Ils avaient, eux ou tous les savants qui les avaient précédés, inventé ces yeux qui rapprochent des étoiles et font voir les caravanes marchant entre les dunes de l'horizon, là où le regard de l'homme ne peut les atteindre. Ils m'ont confié ces yeux puissants pour que je découvre le chacal et le rapace que mon œil ne pouvait voir. Je me suis incliné devant la science des savants de ton pays. Puis...

Il croisa les bras, la tête baissée, dissimulant ainsi ses yeux.

— Puis, continua-t-il, je leur ai parlé de Mohad et de son chien. En quoi leur savoir expliquait-il le besoin de Mohad de mourir en tenant la main de l'un des siens ? Et est-ce que le mouvement des étoiles pouvait expliquer la tristesse du chien de Mohad, qui s'est couché devant la tente où son maître agonisait, et qui est mort en même temps que lui ?

L'Homme Bleu redressa la tête.

— Les calculs des savants de ton pays décrivent le chemin des étoiles, mais ne sont pas capables de suivre le mouvement d'une larme sur la joue d'une femme qui pleure son père ou son enfant mort, ou le départ de l'homme qu'elle aime. Dieu seul explique l'amour d'un être pour un autre, Dieu seul dit l'union de l'âme des choses, Dieu seul fait comprendre la mort du chien de Mohad.

L'Homme Bleu se leva et commença à marcher.

C'était le moment le plus froid de la nuit, celui où l'obscurité paraissait se condenser en une épaisse glace noire. On avait envie de la briser avec de grands gestes brutaux, comme pour la réduire en morceaux et voir enfin poindre l'aube. Ou, au contraire, on rêvait de s'envelopper dans des tissus de laine ou des peaux et de fuir la nuit froide dans le sommeil.

L'Homme Bleu, lui, marchait.

— La peur de la mort, dit-il, vient de ce que vous l'avez exclue de la vie, et que vous avez refusé de croire qu'elle est un autre moment de l'existence, celui où chaque homme rejoint l'immensité du monde.

Il ouvrit les bras.

— Nous sommes nés du monde et nous retournons à lui à l'instant où Dieu le veut.

Il entoura ses épaules de ses bras.

— Mais l'homme qui n'enlace que lui-même, qui s'est entouré de barrières et de fossés, comment pourrait-il ne pas craindre l'instant du passage ? Il s'imaginait être tout et il pense qu'il ne sera plus rien. Comment pourrait-il accepter cela sans regret et sans trembler ?

Il laissa retomber ses bras le long de son corps.

— Alors, toi et les tiens, vous voulez effacer la

mort et la souffrance qui souvent l'annonce. Vous ne voulez voir qu'un côté de la vie, et puisque vous vous en croyez les maîtres, vous voulez décider de la mort. Je sais que certains dans vos pays se sont donné le pouvoir de tuer ceux qui souffrent. Ils disent que c'est là un acte d'amour. Et s'ils agissaient ainsi pour ne pas voir la douleur qui est aussi la vie ? S'ils étaient comme ces guerriers qui, saisis par la panique, s'enfuient avant la fin de la bataille ?

L'Homme Bleu se rapprocha de son hôte.

— Il faut apaiser la douleur, dit-il. Et celui qui connaît les plantes qui soulagent, et refuserait de s'en servir pour soigner, serait cruel et pervers comme un chacal. Mais...

Il posa sa main droite ouverte sur son cœur, et la gauche sur son front.

— Un homme ne peut accepter et vivre la douleur, il ne peut aller sereinement vers la mort que s'il est capable de se laisser pénétrer par elles. Alors, il souffrira moins et la peur s'enfuira.

L'Homme Bleu se toucha le visage à la hauteur de la bouche.

— Et il en est de la douleur et de la mort comme de la soif. Quand tu marches dans le désert, il faut l'accepter, l'admettre, dit-il, comme une présence dans la bouche et dans le corps qui te fait connaître chaque pore de ta peau. Tu auras davantage soif si tu t'opposes à elle. Dissous-la au contraire en la savourant. Elle sèche tes lèvres et ta gorge. Vis avec elle. Pour la douleur, fais de même, ne te raidis pas mais courbe-toi, pour qu'elle te traverse.

L'Homme Bleu tendit le doigt vers la palmeraie qui sortait de la nuit.

— Si les palmes du palmier n'étaient pas divisées en des centaines de longues feuilles qui se laissent chacune fouetter par le vent et se plient, la palme serait arrachée, car le vent la frapperait comme une pierre lancée avec force contre un mur. Mais il ne peut que glisser entre les palmes, se perdre. Et puis il cesse. Il faut faire de même avec la douleur. Qu'elle traverse ton corps. Agis ainsi avec la mort, accepte-la.

Il s'éloigna, silhouette bleue dans l'aube rose.

La septième nuit

Lorsque les femmes et les enfants se mirent à danser et à chanter alors que le soleil disparaissait derrière les cimes de l'Aïr, l'Homme Bleu s'éloigna et vint s'asseoir près de son hôte, un peu à l'écart du campement.

Des vieux se tenaient là, chuchotant entre eux, regardant les enfants et les femmes qui avaient commencé, tout en dansant, à faire le tour de l'une des tentes.

La nuit n'était pas encore entièrement tombée. Le soleil continuait d'éclairer le ciel, mais l'ombre du massif de l'Aïr avait déjà recouvert le campement.

— C'est la tente de l'accouchée, dit l'Homme Bleu. Et c'est le sixième jour après la naissance. Les forgeronnes mènent la danse. Ecoute-les...

Les femmes poussaient des cris aigus, des

youyous. Elles brandissaient des couteaux qu'elles faisaient mine d'aiguiser.

— Elles chassent les mauvais esprits, dit l'Homme Bleu.

Il hocha la tête.

— Mais toi et les tiens, vous ne croyez pas aux mauvais esprits. Vous imaginez que l'enfant est sans passé.

L'Homme Bleu montra une vieille femme qui, à quelques pas de la ronde des femmes et des enfants, frappait des mains en cadence, accompagnant les youyous.

— C'est elle, reprit l'Homme Bleu, qui a tranché le lien entre l'enfant et la mère. C'est elle qui l'a lavé à l'eau chaude parfumée de plantes odorantes. Puis elle a chauffé avec ses mains le corps du nouveau-né, pour que la vie lui soit aussi douce que le ventre de sa mère. Et la vieille femme est allée enterrer ce qui restait du cocon maternel afin que les Hommes d'Hier, couchés dans la terre, parlent à l'enfant.

L'Homme Bleu fit un geste brusque, abaissant sa main ouverte.

— Toi et les tiens, vous tranchez, dit-il, tout doit être nouveau, sans passé, avec seulement un avenir. Et si au contraire un enfant portait en lui le souvenir de tous ceux qui l'ont précédé ? S'il fallait que dès sa naissance il soit lié à la terre et aux Hommes d'Hier ? Les gestes de la vieille femme sur le corps du nouveau-né sont pareils à ceux qu'elle accomplira sur le corps d'une femme morte. Il faut la chaleur de l'eau et des mains, les chants et les prières, le mouton égorgé et la viande partagée pour franchir le seuil qui conduit à la vie ou à la mort, l'une étant liée à l'autre. Et l'enfant comme le défunt sont accompagnés par tous les esprits de leur peuple, ceux d'avant et d'après eux.

L'Homme Bleu toucha son poignard, accroché à son bras.

— L'enfant doit toucher un couteau pour effrayer les mauvais esprits, dit-il. Et on lui rase la tête pour qu'ils ne s'accrochent pas à lui.

L'Homme Bleu entrecroisa ses doigts, baissa la tête.

— Je te parle et je sais ce que tu entends, dit-il. Tu es comme les savants qui voulaient m'expliquer le ciel et me convaincre que l'origine du monde est comme un grand orage sans origine. Tu penses que l'ignorance emplit nos têtes comme l'eau les outres. Mais si c'était toi et les tiens qui vous trompiez ? Aucun de tes savants ne m'a répondu quand je leur ai raconté la mort du chien de Mohad. Et si l'esprit de Mohad en s'enfonçant dans la mort avait appelé celui de son chien à le suivre ? Et si les pensées et les désirs des hommes laissaient autant de traces que leurs actes ?

L'Homme Bleu leva le bras, fit tournoyer sa main autour de sa tête.

— Et si ces pensées et ces désirs, demanda-t-il, étaient autour de nous, invisibles, cherchant à nous pénétrer, à nous attirer les uns vers le Bien, les autres vers le Mal ?

L'ombre maintenant avait enveloppé le campement, mais le chant des femmes continuait, mêlé au son du violon et au martèlement des sabots des chameaux que les hommes guidaient afin qu'ils entourent les femmes et frappent le sol en cadence.

— Les savants de ton pays, reprit l'Homme Bleu, sont capables de voir ce que les hommes d'ici ne voient pas. Mais es-tu sûr que nous ne sachions pas ce que vous ignorez ou ce que votre orgueil vous a fait oublier ?

L'Homme Bleu se pencha vers son hôte.

— Je te parle, tu m'écoutes, tu notes dans ton carnet, tu t'empares même de ma voix dans ta petite boîte noire, et tu la réentends quand tu le veux. Pourquoi nos pensées, les tiennes et les miennes, et ma parole qui traverse l'air qui m'entoure, ne resteraient-elles pas inscrites dans la nuit ? Pourquoi ne resurgiraient-elles pas un jour ? Et l'amour qu'une femme porte à un homme, pourquoi se dissoudrait-il et ne laisserait-il pas, lui aussi, sa marque dans le monde, et pourquoi n'en irait-il pas de même de la haine ?

L'Homme Bleu leva la tête vers les étoiles.

— Rien de ce qui existe ne disparaît du monde. Chaque chose est unie à l'autre. Le corps d'un homme mort retourne à la terre et la nourrit, mais que deviennent ce qu'il a pensé, ce qu'il a dit, les désirs qu'il a eus ?

Il leva à nouveau la main au-dessus de la tête.

— Ils sont là, dit-il. Ils t'influencent. Ils te protègent ou bien ils te menacent.

Il tourna la tête vers le campement d'où provenaient encore la rumeur des voix et le son du violon.

— La vie reprend tout, dit-il. La vie transforme tout. Elle est comme le vent qui change le dessin des dunes, mais ce sont toujours les mêmes grains de sable qui les composent. Hier, ils étaient cailloux, puis gravier, puis sable, et peut-être demain s'aggloméreront-ils ensemble pour former de nouvelles montagnes.

Tout à coup, au milieu des chants, on entendit les vagissements et les pleurs d'un enfant, puis la voix d'une femme qui devait le bercer et qui psalmodiait : *Dû-della, dû-della*.

L'Homme Bleu, durant quelques secondes, en se balançant d'avant en arrière, les bras croisés comme s'il tenait l'enfant contre lui, répéta d'une voix grave : *Dû-della, dû-della*.

L'enfant cessa de pleurer.

— On m'a endormi avec ce chant-là, dit l'Homme Bleu. Et avant moi, tous les enfants de mon peuple, et peut-être depuis qu'il existe, ont entendu les mêmes mots qui leur ont fermé les yeux, les enveloppant de douceur et de tendresse, d'un sentiment de paix. Et aujourd'hui, il en est encore ainsi. Et je veux que demain une femme murmure, pour calmer le nouveau-né, la même chanson.

L'Homme Bleu resta longuement dans la même position, continuant de se balancer et de chantonner avec la gorge la mélopée, sans répéter les mots de la berceuse.

— C'est ainsi qu'un nouveau-né apprend qui il est, à quel peuple il appartient, dit-il. C'est ainsi qu'il devient un fil de la trame que constitue un peuple, et qui fait que ce peuple ne se défait pas, qu'il continue de former cette toile aux destins entrecroisés qui construisent la vie d'une nation, où chaque fil est lié à l'autre et partage la même mémoire.

L'Homme Bleu posa ses deux mains à plat sur le sable, de part et d'autre de ses jambes repliées.

— Si tu ne transmets rien au nouveau-né, dit-il, rien ne le soutiendra. Il suffira d'un léger vent pour le renverser d'un côté et une autre bourrasque le fera tomber en sens inverse. Et il en sera ainsi toute sa vie. Il ne sera qu'un brin sans origine, comme ceux d'un tapis dont on n'a pas su serrer la trame. Ils ont parfois belle apparence, des couleurs vives. Mais celui qui se laisse prendre découvrira qu'il se défait, et qu'il n'est plus au bout de quelque temps qu'une surface de laine effilochée et grise.

L'Homme Bleu s'appuya sur ses mains et se raidit, le dos bien droit.

— Si tu ne donnes pas à l'enfant une mémoire, si tu ne partages pas avec lui ce qui t'a fait toi, tu pourras lui remplir la tête de calculs savants, lui décrire le chemin des étoiles, il sera aussi fragile qu'une plante sans racine.

L'Homme Bleu se tourna, sans bouger les mains. Dans la lumière tremblante du foyer, on distinguait en bordure du campement des buissons d'épineux, touffus, auxquels la nuit s'accrochait.

— Regarde ces épineux, dit l'Homme Bleu. Ils vont chercher l'eau au plus profond de la terre. Ils sont brûlés par le soleil, ils sont secoués et battus par le vent, mais personne, ni homme ni démon, ni bourrasque, ne pourra les arracher. Et si tu t'y essaies, ils te lacéreront les paumes. Ils se défendront avec tant de hargne que tu les laisseras vivre.

L'Homme Bleu fit à nouveau face à son hôte.

— Il faut qu'un enfant soit aussi résolu à se défendre qu'un buisson d'épineux. Car il devra affronter la tempête. Toute vie en est traversée. Elle le prendra par les cheveux, elle voudra le faire tournoyer, l'envoyer au loin, et s'il n'est pas accroché au pays où il est né, si personne ne lui a chanté les berceuses qui viennent du temps des Hommes d'Hier, si sa mémoire n'est pas faite des souvenirs de tout son peuple, comment veux-tu qu'il résiste au vent ? Il sera comme ces plantes que le vent déracine d'une seule rafale et qu'il roule en boule de dune en dune.

L'Homme Bleu se leva et commença ce qui était déjà devenu, après six nuits, une marche rituelle, allant d'une tente à l'autre, disparaissant parfois dans l'ombre, surgissant, éclairé par un foyer, revenant vers son hôte puis s'en éloignant à nouveau.

A la fin, il retourna s'asseoir de l'autre côté des flammes, et se mit à préparer le thé avec des gestes précis, comme s'il célébrait les différentes séquences d'un culte.

Quand il eut rempli les verres, et d'abord celui de son hôte, il se pencha.

— Toi et les tiens, vous êtes devenus les maîtres de ce monde. Pas un lieu que vous n'ayez exploré.

Il tendit le bras, montra la lune qui venait d'apparaître et dont la lumière blanche couvrait peu à peu, comme une poudre, le sable, les tentes, les buissons d'épineux, et donnait au tissu du voile de front et de bouche une teinte blafarde. Les plis de la tunique devenaient des sillons sombres, comme les cicatrices noirâtres d'un corps blessé.

— Vous êtes allés conquérir cette boule blanche, dit l'Homme Bleu. Et vous savez enseigner les secrets qui vous ont permis d'aller là-haut.

Il baissa le bras.

— Mais quelles racines avez-vous données à vos enfants ?

Il secoua la tête.

— J'ai vu certains d'entre eux aller comme des troupeaux errants que leurs bergers auraient abandonnés. J'en ai vu d'autres qui ressemblaient à des meutes de chiens sauvages sans maître. Je les ai entendus hurler. Je les ai vus se battre. Où étaient leurs pères et leurs mères ? Que leur avaient-ils transmis ? Des connaissances de savants ? Crois-tu que cela suffise pour résister à la tempête de la peur, quand elle saisit l'enfant qui doit pour la première fois s'éloigner seul ? Si on ne lui a appris que les chiffres, si on ne lui a rien dit de la douleur et de l'amour, si on le laisse découvrir la mort parce qu'il n'a jamais veillé un défunt entouré de tous les siens, comment veux-tu qu'il ne tremble pas ? Et pourquoi veux-tu qu'il ne fuie pas, remplissant sa tête de bruit, son corps de drogues, sa vie de violence ? Je me souviens...

L'Homme Bleu baissa la tête, comme s'il se penchait pour lire son passé, descendre au fond de sa mémoire.

— Je me souviens d'un troupeau de moutons, reprit-il. Il avait une vingtaine de têtes. C'étaient de jeunes bêtes, et je les gardais dans l'oasis de l'oued Afara. Tu ne le connais pas, les palmiers poussent sur un sol de gros cailloux qui tombent des falaises déchiquetées du Tassili de l'Ajjer. Le soleil frappe deux fois car la chaleur revient, renvoyée par la roche. Mais durant les premières heures de la nuit, le froid est moins vif car la chaleur glisse des falaises sur l'oasis. Au matin, au contraire, l'air coule des cimes comme une eau froide. Il faut savoir rester immobile et subir la chaleur double et le froid, la douceur de l'air du début de la nuit et la cruauté glacée des aubes.

L'Homme Bleu respira bruyamment, comme un long soupir.

— J'étais jeune, dit-il, j'étais impatient. Je devais conduire le troupeau au campement qui se trouvait au-delà du Tassili de l'Ajjer. Les bêtes étaient aussi jeunes que moi. J'ai voulu quitter au plus vite l'oasis de l'oued Afara, et au lieu de contourner le Tassili, j'ai décidé de le franchir avec les bêtes. Et j'ai poussé le troupeau dans les éboulis. J'ai reçu sur ma tête et mes épaules le poids de la chaleur du soleil et des pierres, et j'ai eu tant de peine à continuer d'avancer que je ne me suis plus guère soucié du troupeau.

L'Homme Bleu secoua encore la tête comme si ce souvenir l'accablait, la mémoire pesant sur sa nuque comme un joug.

— Mes yeux étaient voilés par la fatigue, continua-t-il. Je ne savais pas encore comment on doit la tromper pour la vaincre, paraître se soumettre à ses lois pour mieux l'oublier. Et je n'ai plus été le berger, alors l'une des bêtes s'est jetée dans un abîme, comme prise de folie, peut-être était-ce la peur ou la chaleur, et toutes les autres l'ont suivie. Je suis resté là, au bord de cet abîme, à regarder les rapaces s'approcher, tournoyer avant de s'abattre et de couvrir de leurs ailes noires les corps des moutons dont j'entendais les bêlements.

L'Homme Bleu respira à nouveau bruyamment.

— Je peux te dire que les cris d'une bête qui meurt ressemblent à ceux d'un enfant malade.

L'Homme Bleu se redressa.

— Ce berger incapable et impatient, et ces bêtes qui se jettent sur les rochers pour s'y fracasser, c'est l'homme qui ne se soucie pas de guider ses enfants. Et que veux-tu qu'ils fassent d'autre sinon se briser la tête et être la proie des rapaces ?

L'Homme Bleu serra ses poings en frappant sa poitrine.

— Mais le berger ne doit pas accuser les bêtes, et l'homme ne doit pas condamner l'enfant. C'est lui, l'homme, le coupable !

L'Homme Bleu tendit le bras vers son hôte.

— Comment pourrais-tu enseigner l'enfant si

toi-même n'oses pas côtoyer la mort, si tu ne crois pas à l'unité du monde, si tu n'es toi aussi qu'un brin sans trame, qu'une vie qui croit commencer avec elle, et finir avec elle, sans tradition et sans mémoire ?

Il se frappa de nouveau la poitrine du poing.

— L'animal ressemble toujours à son maître, le mouton au berger, et l'enfant aux hommes et aux femmes dont il est issu. S'ils fuient, il fuit. S'ils enfoncent profond leurs racines, il sera lui aussi un buisson qui résistera au vent. Mais s'ils vivent comme s'ils étaient seuls, coupés du monde, s'ils abandonnent la tente familiale pour errer de campement en campement, pourquoi voudrais-tu que l'enfant soit différent d'eux ? Quand le berger tremble de peur, le mouton meurt d'effroi. Quand l'homme se soucie d'abord de lui-même, l'enfant devient un rapace. Quand l'homme ne sait plus ce qu'est le Bien, l'enfant choisit le Mal.

L'Homme Bleu se leva et recommença à marcher de tente en tente. La plupart des feux n'étaient plus que des poignées de petites fleurs rouges qui se fanaient vite. Et quand l'Homme Bleu revint vers son hôte, son foyer aussi ne comptait plus que quelques braises plus grises que rouges.

L'Homme Bleu se rassit. Il regarda le foyer

mais comme s'il ne le voyait pas, ne faisant pas un geste pour le rallumer.

— Je t'ai beaucoup parlé, dit-il.

Il présenta ses mains ouvertes à son hôte, comme souvent il l'avait fait au cours des six nuits précédentes.

— Je ne t'ai rien caché de ce que je pensais, qui ne m'appartient pas, et que m'ont légué, comme ils l'ont fait avec beaucoup d'autres avant moi, les Hommes d'Hier, dit-il. J'ai pu parfois te paraître prétentieux, te jugeant, toi et les tiens, avec sévérité, et tu as pu te dire : “ Mais qui est-il pour me parler ainsi, lui qui répète depuis l'origine des temps les mêmes gestes et qui puise l'eau comme le faisaient ses ancêtres, alors que nous avons partout, même dans nos vallées les plus reculées, conduit l'eau pure sous chaque toit ? Et nous avons créé la lumière pour que les nuits soient aussi transparentes que le jour. ”

L'Homme Bleu garda les mains ouvertes, tendues.

— Tu n'as pas osé me dire cela, continua-t-il, mais j'ai lu plusieurs fois dans tes yeux, et même dans tes attitudes, ces paroles. Et d'autres encore plus sévères. Tu t'es moqué de moi, à l'intérieur de toi, quand je t'ai parlé des esprits qui rôdent autour de nous. Tu as pensé : “ L'ignorance et la superstition l'aveuglent. " Et tu as conclu que si je continuais à vivre dans le désert, c'est parce que je n'étais pas capable, comme les hommes de ton pays, de m'arracher à la boue — et peut-être as-tu même osé murmurer aux " déjections " — de mes origines.

L'Homme Bleu ferma ses mains, et posa ses poings sur ses cuisses.

— Je ne t'en veux pas, puisque même si tu as pensé tout cela, tu es venu ici pour m'observer et m'écouter. Et tu l'as fait avec respect et attention. Mais ce n'est pas pour cela que je t'ai parlé comme je l'ai fait, sans rien cacher.

L'Homme Bleu croisa ses mains, penché en avant, les avant-bras appuyés sur ses jambes toujours repliées.

— Je t'ai parlé, reprit-il, car tu détiens les pouvoirs de détruire le monde, le tien, mais aussi le mien. Déjà tout est changé autour de nous, et même au cœur du désert. Tes savants et les marchands de ton pays, mais aussi les soldats, nous ont envahis et gouvernés. Ils sont repartis, mais ils ont laissé leurs armes et leurs idées. Et ils sont les maîtres de notre avenir, puisqu'ils pénètrent les esprits des plus jeunes d'entre nous. Je t'ai parlé car tu veux que le monde ressemble en tous points à celui qui est le tien.

L'homme brandit ses deux poings.

— Et je te l'ai déjà dit, et je te le répète alors que cette septième nuit s'achève, ce monde, le tien, est comme un tourbillon de vent qui arrache, emporte. Les hommes de ton pays veulent qu'il tourne de plus en plus vite, parce qu'ils craignent les questions que tout homme doit se poser. Pourquoi ce mouvement ? D'où venons-nous ? Où allons-nous ? Pourquoi la mort interrompt-elle notre course ?

L'Homme Bleu ouvrit les mains.

— Je te l'ai dit, je crains que toi et les tiens ne soyez comme Afar, le chamelier mort que sa monture emportait.

Il serra les poings à nouveau.

— Je t'ai parlé sans que tu me questionnes. Et je sais que tu as emprisonné ma voix dans ta petite boîte noire, et je t'ai vu écrire dans tes carnets, sans même lever la tête. Sais-tu ce que j'ai fait durant ces sept nuits ?

L'Homme Bleu brandit les poings.

— J'ai essayé de te dire qu'il faut, car la tempête se lève toujours, arrimer sa vie comme on le fait de la toile d'une tente. Il faut d'abord planter le mât central et les piquets le plus profondément que l'on peut. Enfonce ta vie dans le sol de la mémoire. Puis il faut nouer les cordes à ces piquets. Lie ta vie à celle des autres, ne sois pas un homme seul. Ta vie dépend de celle des autres. Et ils dépendent de toi. Maintiens la trame serrée. Apprends cela à tes enfants. Alors, peut-être, cesseras-tu de t'élancer vers le vide comme un homme qui sent que le sol s'effondre derrière lui et ne sait pas qu'il court vers un gouffre, plus profond encore que celui dont il croit s'éloigner. Et si tu trouves ainsi la paix et la sagesse, le danger s'éloignera aussi de moi et des miens.

L'Homme Bleu prit quelques brindilles sèches et les jeta dans le foyer.

Des flammes s'élevèrent en même temps que le soleil, caché encore derrière l'Aïr, rosissait le ciel.

— Demain, dit l'Homme Bleu, c'est le septième jour. On donnera un nom à l'enfant.

Table

Cet ouvrage a été composé par
Graphic Hainaut (59163 Condé-sur-l'Escaut)
et imprimé par la Société Nouvelle Firmin-Didot
Mesnil-sur-l'Estrée
pour le compte de la Librairie Plon

Achevé d'imprimer en avril 2000

Imprimé en France
Dépôt légal : mai 2000
N° d'édition : 13215 - N° d'impression : 51152